Als Karl Baedeker
durch das Lahntal reiste

Georg Schwedt

Herstellung und Verlag:
BoD - Books on Demand, Norderstedt
ISBN 978-3-7412-8434-2

INHALT

Vorwort und Einleitung **5**
Karl Baedeker **8**
    Baedekers Reiseführer *Rheinreise* **9**
Das Kapitel 24: *Ems und das Lahnthal* **13**
    Niederlahnstein **13**
    Fachbach und Nievern **17**
    Bad Ems **19**
    Dausenau **34**
    Nassau **36**
        H.F.K. Freiherr vom und zum Stein **39**
        Goethe zu Besuch in Nassau **42**
    Obernhof und Burg Langenau **49**
        Kloster Arnstein **53**
    Laurenburg **58**
    Holzappel **60**
        Zur Geschichte des Blei-, Kupfer- und Silberbergbaus **62**
    Geilnau **64**
    Balduinstein **67**
    Schloss Schaumburg **70**
    Fachingen **74**
    Diez **76**
        Das Grafenschloss **80**
        Lahnmarmor **81**
        Schloss Oranienburg **83**
    Limburg **87**
        Dom und Alte Lahnbrücke **88**
        Limburger Chronik **90**
    Runkel und Villmar **92**

Zum Lebenslauf des Heimatforschers Victor Gehler **97**
Museen zu Karl Baedekers *Lahnreise* **99**
Literatur **100**

Vorwort und Einleitung

In Karl Baedekers „Rheinreise von Basel bis Düsseldorf mit Ausflügen in (…) das Nahe-, **Lahn**-, Ahr- (…)thal…" als „Sechste verbesserte und vermehrte Auflage K l e i n'schen R h e i n r e i s e (als er sich noch **K. Bädeker** schrieb) von 1849 berichtete er im Kapitel „**24. Ems und das Lahnthal**" über die wichtigsten Orte und ihre Geschichte.

Als ich mit meinen Recherchen begann, wurde mir immer mehr bewußt, wie viel an Geschichte mit dieser Region, die bei Baedeker von Lahnstein gerade über Limburg hinaus (bis Runkel und Vilmar) reicht, verbunden ist – von den Grafschaften bis zum Herzogtum Nassau über die Bädergeschichte bzw. Geschichte der Mineralquellen bis in die nur wenig bekannte Bergbau-geschichte in dieser Region.

Die ausführlichere Reiseliteratur begann mit dem Buch das Heimatforschers August Spieß (Okriftel/Hattersheim am Main 1815-1893 Wiesbaden), der als Sohn eines Pfarrers am Gymnasium Philippinum in Weilburg 1834 Abitur machte und an der Universität Göttingen Philologie studiert hatte. Von 1862 bis 1886 am Gymnasium Dillenburg tätig war. Von 1887 bis 1890 war er auch Direktor des Vereins für nassauische Altertumskunde und Geschichtsforschung. Er schrieb das Buch *Das Lahnthal von seinem Ursprung bis zur Ausmündung nebst seiner nächsten Umgebung*, das 1866 in Ems erschien.

Darin schrieb er in der Einleitung u.a.:
„Erst seitdem im Jahre 1862 die nassauische Staatsbahn in Betrieb gesetzt worden ist, hat sich das Interesse des grösseren Reisepublicums dem Lahnthale in verdienter Weise zugewendet. (…) Während (…) früher die Reisenden, welche ihr Weg durch das Lahnthal führte, nur einzelne, allerdings sehr schöne und interessante Bruchstücke des Ganzen zu sehen Gelegenheit hatten und bei Touristen die Schönheit und Grossartigkeit des nahen Rheinthales ein

Interesse für das ohnehin in seinen romantischsten Partien schwer zugängliche Seitenthal nicht aufkommen liess, können dieselben jetzt auf die bequemste Weise den Lauf des Flusses von Marburg bis zu seiner Mündung auf den drei ihn berührenden Eisenbahnen verfolgen, und in wenigen Stunden die mannichfachen landschaftlichen Reize, welche sich an seinen Ufern entfalten, an ihren Augen vorüber gehen lassen. Und selbst ein solcher flüchtiger Besuch des Lahnthals ist lohnend genug; soviel ist wenigstens gewiss, dass dieses so viele Sehenswürdigkeiten in Beziehung auf Natur und Kunst in sich einschliesst, dass sich kein anderes mit einem Schienenwege durchzogene Seitenthals des Rheins, das schöne Nahethal mit seinen Rebenhügeln und wilden Felspartien nicht ausgenommen, mit ihm vergleichen lässt. Denn in ihm findet sich alles das, was von diesem mit Recht gerühmt wird, weite gesegnete Thalflächen und anmuthiges Hügelland, steile Berge, an denen schroffe Steinwände emporstarren, und die in ihren Vorsprüngen die Bahn in zahlreichen Tunnels durchschneidet; alte, verwitterte Burgen, die in ihrer Wittwentrauer auf den unten vorüberbrausenden Verkehrsstrom der neuen Zeit düster herabschauen, malerisch gelegene Städtchen mit alten Schlössern, Gesundbrunnen und Badeorte mit ihrer modernen Eleganz, nur in reicherer Fülle und mehr zusammengedrängt, dazu aber besitzt es herrliche Dome und prachtvoll gelegene Klöster, (…). Ueber der ganzen Strecke aber schwebt der Duft zahlreicher historischer Erinnerungen älterer und neuerer Zeit; aus jenen werden uns die Bilder von Fürsten, welche in die Schicksale und die Ent-wickelung des deutschen Volkes mit mächtiger Hand eingegriffen, von Kriegshelden, die mit ihrem Ruhme die Welt erfüllt haben, (…) erscheinen, aus diesen treten uns vor Allen die Gestalten zweier Männer nahe, deren jeder in seiner Weise uns unendlich viel gegeben hat, der eine den reichen Schatz einer alles Grosse umfassenden, jede Tiefe der Empfindung er-schöpfenden Poesie, der andere das aus Zerissenheit, Erniedrigung und Schmach errettete Vaterland. Denn die unteren Lahngegenden hat Göthe in seinen jungen und alten Tagen mehreremale besucht, und die ganz Strecke von Wetzlar bis Lahnstein wanderte den Fluss entlang der jugendliche Dichter, als er der Liebe

Lottens entfloh, und indem sein Auge in der Betrachtung der ‚Nähen und Fernen, der bebuschten Felsen, der sonnigen Wipfel, der feuchten Gründe, der thronenden Schlösser und der aus der Ferne lockenden blaue Bergriesen schwelgte', so er aus der schönen Landschaft Balsam für sein liebeskrankes Herz schöpfte; in Nassau aber an der unteren Lahn ward Freiherr vom Stein geboren und brachte dort einen Theil seiner Tage zu, sinnend und hoffend für das bedrängte, und arbeitenden für das befreite Vaterland…"

Der wesentlich nüchternere Bericht von Karl Baedeker wird uns jedoch zu vielen der angesprochenen Orte mit viel Geschichte führen – vom Autor mit der 1862 eröffneten damals *nassauischen Staatsbahn* zwischen Koblenz und Limburg im Sommer 2016 besucht – heute als *Regionalbahn* oder *Lahntalbahn*, mit Ausstiegsmöglichkeiten auf den Unterwegs-Bahnhöfen, die als Orte schon *Bädeker*, vor Eröffnung der Eisenbahnlinie mit ihren von August Spieß erwähnten Tunneln, genannt hat.

Karl BAEDEKER (1801-1859) –
(schrieb sich damals *Bädeker*)

Karl Baedeker wurde am 3. November 1801 als ältester Sohn des Verlegers und Buchdruckers Gottschalk Diederich Baedeker in Essen geboren. Sein Großvater war „fürstlich Essendischer Hofbuchdrucker" gewesen. Von 1815 bis 1817 besuchte er das Gymnasium in Hagen. Es folgte eine Lehre von 1817 bis 1820 bei J. C. B. Mohr (1778-1854;

Gründer der Akademischen Verlagsbuchhandlung Mohr) in Heidelberg. Nach Ableistung seines Militärdienstes bei den Wetzlarer Jägern war er von 1823 bis 1825 als Gehilfe bei Georg Andreas Reimer (1776-1842; Gründer des gleichnamigen Wissenschaftsverlages, der von 1817 bis 1918 bestand) in Berlin tätig.

Danach zog Baedeker nach Koblenz, seit 1815 Hauptstadt der preußischen Rheinprovinz – und zugleich ein Brennpunkt des internationalen Reiseverkehrs in dieser Zeit am Rhein entlang in die Schweiz und bis nach Italien. 1827 gründete er am damaligen Paradeplatz (heute Görresplatz) die Sortiments- und Verlagsbuchhandlung Karl Baedeker.

1827 begann auch der regelmäßige Personenverkehr zu Schiff der Preußisch-Rheinischen Dampfschifffahrtsgesellschaft zwischen Köln und Mainz. Im Koblenzer Verlag F. Röhling erschien ein kleiner, literarischer Führer unter dem Titel „Rheinreise von Mainz bis Köln, Handbuch für Schnellreisende" von Professor J. A. Klein, einem Gymnasiallehrer. Baedeker erwarb den Verlag Röhling und nach dem Tod von Klein 1832 beginnt die Geschichte der „Baedeker-Reiseführer" (s. weiter unten). Karl Baedeker starb am 4. Oktober 1859 in Koblenz. Bis zu diesem Zeitpunkt hatte er zahlreiche Reiseführer herausgegeben – manche Bände hatten es schon bis zu der 8. bis 10. Auflage gebracht. Seine Grabstätte befindet sich auf dem Koblenzer Hauptfriedhof.

Baedekers Reiseführer *Rheinreise*
1835 – mit der Übernahme des ersten Reiseführers von J. A. Klein (Gymnasialprofessor in Koblenz, verstorben 1832) veröffentlichte Baedeker die 2. Auflage (*von Straßburg bis Rotterdam*). Die 1. Auflage stammte aus der Druckerei Florian Kupferberg in Mainz, die 2. Auflage erschien in der Druckerei Dubois & Wele in Koblenz, die 3. Auflage von 1839 in der Druckerei Sam. Lucas in Elberfeld und die 4. Auflage 1843 in der Druckerei J. Hildenbrand in Koblenz. Ab der

5. Auflage (1846) wurde die *Rheinreise* in der Druckerei G. D. Bädecker in Essen gedruckt.

Der G. D. Baedeker Verlag in Essen wurde bereits 1775 durch Zacharias Baedeker (1750-1800) gegründet, der die Witwe des Buchdruckers Wohlleben geheiratet hatte – mit den Firmenzweigen Buchhandel, Buchverlag, Zeitungsverlag, Druckerei und Bibliothek – im Stammhaus in der Limbecker Straße. Gottschalk Diedrich Baedeker (1778-1841) führte und entwickelte das noch kleine Unternehmen erfolgreich weiter und durch die Söhne (Brüder von Karl Baedeker) Eduard und Julius expandierte das Unternehmen weiter. Die renommierte Baedeker-Buchhandlung in Essen wurde im Oktober 2012 nach 237 Jahren geschlossen. Der Name *Baedekerhaus* bleibt jedoch am Gebäude bestehen, da es unter Denkmalschutz steht.

Der Name *Baedeker* ist heute zu einem Synonym für die erfolgreichen Reiseführer geworden. In der 6. Auflage von 1849 (als *verbesserte und vermehrte Auflage der Klein'schen Rheinreise*) beschrieb Baedeker auch in seiner Einleitung die ihm wichtigsten Merkmale dieses Reiseführers, die auszugsweise im Folgenden zitiert werden:

Das vorliegende Buch hat sich die Gunst der Reisenden so zu erwerben und zu erhalten gewußt, daß wieder eine neue Auflage, bereits die s e c h s t e, nothwendig geworden ist. Es hat, als natürliche Folge der veränderten Zustände am Rhein, von seiner ursprünglichen Gestalt nur wenig Züge bewahren können. Da es aber einmal unter dem Namen K l e i n bekannt geworden war, so wurde dieser beibehalten, obgleich schon bei der zweiten Auflage alle Mitwirkung des Herrn Professor K l e i n, der bald nach dem Erscheinen seiner „Rheinreise von Mainz nach Köln" starb, aufhörte. Um indeß Verwechselungen mit einer in Mainz gedruckten Rheinreise, die ebenfalls den Namen K l e i n trägt, zu verhüten, hat der Herausgeber nunmehr für nöthig erachtet, auch seinen Namen zu nennen.

Nach dieser Einleitung folgen einige für Baedeker wichtige Merkmale dieses, nun seines Reiseführers:

Auf die G a s t h ö f e hat der Herausgeber bei dieser sechsten Auflage ein besonderes Augenmerk gerichtet; er glaubt einer nicht unbedeutenden Zahl von Rheinreisenden einen wesentlichen Dienst dadurch geleistet zu haben, daß er sie auf kleine, gute und billige Gasthöfe aufmerksam macht. (...)

Der ganze Inhalt des Buches beruht ausschließlich auf e i g e n e r Anschauung. Der Herausgeber hat sich bemüht, zwischen dem Zuviel und Zuwenig die rechte Mittelstraße zu finden. Er glaubt, den Fehler mancher Reisehandbücher vermieden zu haben, welche entweder nur ein Verzeichniß von Gebäuden, Anstalten und Einrichtungen darbieten, und es dem guten Glücke des Wanderers überlassen, nach manchen Enttäuschungen das Bemerkenswerthere selbst heraus zu finden, oder welche auf der andern Seite sich in ausführlicher Schilderung unbedeutender geschichtlicher Einzelheiten verlieren, die nur für den Mann vom Fach oder den Ortsbewohner belangreich sein können. Nie aber hat der Herausgeber außer Acht gelassen, daß das Rheinthal für die Geschichte und Entwickelung Deutschlands viele Jahrhunderte hindurch von größerer Bedeutung war, als irgend ein anderer Gau des Vaterlandes.(...)

Zu Lebzeiten von Karl Baedeker erschien die *Rheinreise* bis zur 10. Auflage (1858) – danach noch bis zur 34. Auflage im Jahre 1931.

Bereits in der 2. Auflage (1835) besuchte Baedeker auch die Nebenflüsse bzw. deren Täler – er machte *Ausflüge an die Nahe, die Mosel, die Ahr, in die Bäder des Taunus...* - und in der 6. Auflage (1849) dann auch *in das Lahnthal*.

Anhand des Textes im Kapitel *24. Ems und das Lahnthal* wurde von mir sein Reiseabstecher in das Lahntal nachvollzogen, wobei eine Aussage Baedekers (in einem Brief an seinen Vater) auch für meine Reise gelten konnte:

„Es ist eine prächtige Einrichtung mit diesen Eisenbahnen; bei Reisen kommt Geld und Zeit gar nicht mehr in Frage..."

Ich benutzte sowohl für meine Anreise aus Bonn und als auch zwischen den Orten an der Lahn die Eisenbahn – von Koblenz bis Limburg stets mit der Regionalbahn – der *Lahntalbahn*, die auch an den meisten von Baedeker genannten Orten eine Haltestelle (Bahnhof) hat.

Das Kapitel 24.:
Ems und das Lahnthal

Baedeker beginnt seinen Ausflug in das Lahntal von *Ehrenbreitstein* aus nach *Ems* und berichtet, dass es drei Wege nach Ems gäbe – den *Fußweg in gerader Richtung über das Gebirge über die Dörfer* **Arzheim** *und* **Fachbach** *(2 St., ohne Führer nicht leicht zu finden); die alte Landstraße um den Ehrenbreitstein die Höhen hinan (4 St.); und die neue Landstraße, welche stets in der Ebene bleibt, über Pfaffendorf, Horchheim und Niederlahnstein...*

Die heutige Bundesstraße 260 beginnt als Abzweigung von der B 42 bei Lahnstein – in Sichtweite der Mündung der Lahn in den Rhein. Sie folgt dem Lauf der Lahn über Fachbach nach Bad Ems und dann über Dausenau bis Nassau, wo sie das Lahntal verlässt. Von Bad Ems über Walluf hinaus bis Wiesbaden wird die Straße auch als *Bäderstraße Taunus* bezeichnet, die seit Ende des 18. Jahrhunderts als *Schwalbacher Straße* durch Wiesbaden führt.

Niederlahnstein

Wir beginnen unsere Reise nach Baedekers Reiseführer in *Niederlahnstein* – auf diesen Ort weist er in der 6. Auflage wie folgt hin, nachdem er das Schloss Stolzenfels bei Koblenz vorgestellt hat: *Dem Stolzenfels gegenüber mündet die L a h n. Rechts der Mündung erhebt sich einsam aus Bäumen die alte* **St. Johanniskirche.** *Einer ihrer Thürme, der östliche ist kürzlich eingestürzt. Schon von den Schweden zum Theil zerstört, ist die Kirche während der 40jährigen Dauer eines Prozesses über die Verpflichtung des Zehntbesitzes zur Unterhaltung derselben gänzlich zerfallen. Wie oft brachen sich schäumend die Wogen, wie oft donnernd die Eismassen der Lahn, des Rheines, ja der zurückgedrängten Mosel an ihrem Fuße; und noch stehen ihre Grundfesten unerschüttert. Jahrhunderte sah diese Kirche vorüberziehen, fromme Kreuzfahrer an ihren Altären beten, wilde*

Schweden die Heiligenbilder zertrümmern und durch sonderbaren Wechsel der Zeit, Kalmucken und Baschkiren zu Allah beten! Denn hier ging am 1. Januar 1814 der russische General St. P r i e s t über den Rhein.

Guillaume Emmanuel Guignard Vicomte de *Saint-Priest* (1776-1814) war ein französischer General in russischen Diensten. Er diente unter dem russischen Zaren Alexander I. in den Napoleonischen Kriegen. Er zeichnete sich bei der Belagerung von Koblenz und Main aus. An ihn erinnert ein kurioses Zeugnis der Napoleonischen Kriege am 1812 errichteten Kastor-Brunnen auf dem Vorplatz der Basilika St. Kastor in Koblenz. In der Neujahrsnacht auf das Jahr 1814 überquerte das russische Armeekorps unter Saint-Priest am rechten Flügel von Blüchers Schlesischer Armee den Rhein zwischen Neuwied und der Lahnmündung. Die Franzosen hatten Koblenz zuvor geräumt und überließen sie kampflos den Russen. Der Kastor-Brunnen – als Denkmal für den Feldzug gegen die Russen vom französischen Präfekten errichtet und mit einer entsprechenden Inschrift versehen, erhielt den Zusatz (in französ. Sprache) hier dtsch.: „Gesehen und genehmigt durch uns, russischer Kommandant der Stadt Koblenz, am 1. Januar 1814."

369 erbauten die Römer an der Lahnmündung einen Burgus (eine ursprünglich von den Germanen übernommene Bezeichnung für ein turmartiges kleines Kastell). Er stellte eine Grenzbefestigung und einen Wachtposten für das Kastell *Confluentes* (Koblenz) dar. Fränkische Adelige bauten nach dem Abzug der Römer die Anlage zu einer Wohnburg aus und errichteten in der Mitte des 9. Jahrhundert auch eine kleine Eigenkirche, deren Fundamente im Mittelschiff der heutigen Kirche gefunden wurden. Zwischen 1130 und 1136 entstand das heutige Kirchengebäude – 1180 wurde ein Flankierungsturm angebaut, der 1844 einstürzte.

Blick auf die St. Johanniskirche mit der Lahnmündung 1819 –
Von Christian Georg Schütz, deutscher Maler und Radierer (1758-1823); schuf ab 1804 Illustrationen zur Reiseliteratur.

Dieses Ereignis wird von Baedeker erwähnt. Im Dreißigjährigen Krieg wurde die Kirche, die auch als wehrhaftes Gebäude der Bevölkerung Schutz bot, schwer beschädigt und danach im Stil des Barock umgestaltet. Erneute erhebliche Schänden entstanden bei der Eroberung Kurtriers 1794 durch französische Revolutionstruppen – die Kirche wurde in den folgenden sechs Jahrzehnten zu einer Ruine. Als dann auch noch der genannte nördliche Chorflankenturm einstürzte, war es König Friedrich Wilhelm IV. von Preußen, der mit Blick von seiner Sommerresidenz Schloss Stolzenfels auf eine Wiederherstellung der Kirche drängte. Die Gemeinde jedoch konnte die Kosten dafür nicht aufbringen. Der Verein für Nassauische Altertumskunde und Geschichtsforschung in Wiesbaden erklärte sich 1855 jedoch bereit, den Wiederaufbau zu finanzieren, der zwischen

1856 und 1866 durchgeführt wurde. 1907 erfolgten mit der Begründung des Klosters durch Benediktinerinnen Umbauten. 1920 übernahmen die Patres der Kongregation vom Heiligsten Herzen Jesu und Maria Kloster und Kirche.

Heute sind der spätromanischen Basilika der Kirche – zum Bistum Limburg gehörend – das *St. Johanniskloster* und das private Johannes-Gymnasium Lahnstein angeschlossen. Rheinhochwasser (1993 und 1995) machten noch bis 2005 immer wieder Restaurierungen erforderlich.

Über *Niederlahnstein* merkte Baedeker nur an:
Niederlahnstein *(...) soll sich vormals bis zu ihr, seiner alten Pfarrkirche, ausgedehnt haben. Der Flecken liegt nahe der Mündung der Lahn, die hier den eigentlichen Handelshafen des Herzogthums Nassau bildet, wo Metalle, Früchte, Mineralwasser eingeladen und ausgeführt werden.*
(Oberlahnstein beschrieb Baedeker im Kap. 21: Von St. Goar nach Koblenz.)
Auf die Gewinnung von Metallen sowie vor allem von Mineralwasser werden wir auf der weiteren Reise durch das Lahntal noch mehrmals eingehen.
Das *historische Wirtshaus an der Lahn* wird von Baedeker nicht erwähnt. Auf dem Merianstich in der Topographia Hassiae (1655) ist Niederlahnstein nur am linken Rand unter der Burg Lahneck (C) mit der Kirche (B) zu sehen.

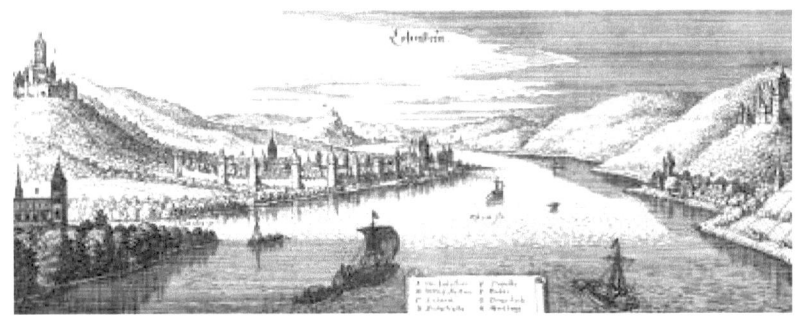

Merianstich mit *Nider Lahnstein* (B)

Fachbach und Nievern

Von den genannten Wegen *nach Ems* schrieb Baedeker, dass die neue Landstraße stets in der Ebene bleibe und über *Niederlahnstein, dann das anmuthige malerische Lahnthal hinauf bei verschiedenen großen Eisenhütten vorbei, durch die Dörfer **Nievern** und **Fachbach**, eine Entfernung von 4 St., welche man zu Wagen in 2 St. zurück legt,* nach Ems führe.

Mit *Wagen* meint er einen *zweispännigen Wagen*, einen *Personenwagen* mit *Lohnkutscher*.

In Nievern hält auch die Regiobahn von Koblenz nach Limburg – ebenso wie in Niederlahnstein.

Zu den Sehenswürdigkeiten im 21. Jahrhundert zählt die *Nieverner Hütte*, einen Eisenhütte der Fachbacher Insel Oberau. Sie gehörte zu Nievern und ist heute ein Industriedenkmal. (Dokumente im Heimatarchiv Nievern, Schulstraße 13)

Die Nieverner Hütte wurde 1671 gegründet. Eisenerz wurde zunächst mit Holzkohle, später mit Koks zu Roheisen verhüttet. Nach 1882 wurden die Hochöfen stillgelegt und die Hütte in eine Eisengießerei umgewandelt. 1932 wurde sie geschlossen. Seit 1982 ist sie ein Industriedenkmal. Sie liegt in der *Denkmalzone Nieverner Hütte* auf der Insel Oberau mit historischer Bausubstanz aus der Zeit um 1860 einschließlich der Schleusen- und Hafenanlage.

Der Ort Nievern, 1275 erstmals urkundlich erwähnt, wurde 1629 von den Grafen von der Leyen (s. S. 22) zusammen mit Fachbach erworben und ging 1806 an das Herzogtum Nassau, 1866 an das Königreich Preußen.

Die Nieverner Hütte auf der Lahninsel im 18. Jahrhundert

Die 1928 errichtete Lahnbrücke sowie die Eisenbahnbrücke zur Hütte Nievern wurden am 25. März 1945 durch Pioniere der deutschen Wehrmacht gesprengt. Nur die Straßenbrücke wurde wenige Jahre später wieder aufgebaut.

Bad Ems

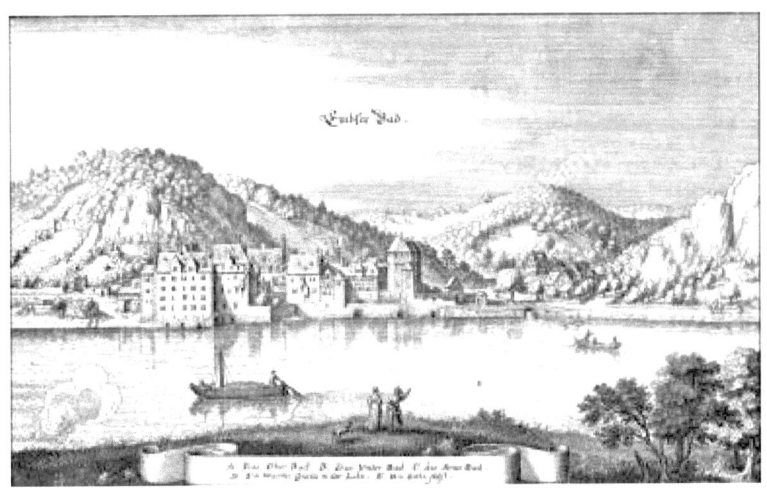

Das Emser Bad
im Merian-Kupferstich des 17. Jahrhunderts
(Topographia Hassiae 1655)

Im Rheinreise-Führer schrieb Baedeker über
Ems, in Urkunden und zwar als Eigenthum des Grafen von Nassau, R u p r e c h t II. zuerst 1173, und als warmes Bad 1354, als E y m e t z und E m p ß vorkommend, wurde Jahrhunderte hindurch gemeinschaftlich von Hessen-Darmstadt und Oranien-Nassau

verwaltet bis es 1803 dem letzteren ausschließlich zufiel. Die frühere Zerrissenheit des deutschen Reiches verursachte, daß man von dem Orte, wo jetzt die Lahnbrücke zu Ems steht, die sonst gerade keine weite Aussicht gewährt, in acht verschiedener Herren Länder blicken konnte, nämlich in die von Mainz, von Stein, von der Leyen, Trier, Metternich, Nassau-Weilburg, Oranien und Hessen-Darmstadt. Zu Ems hatte am 25. Aug. 1785 der Zusammentritt der Erzbischöfe von Mainz, Trier, Köln und Salzburg statt, welche eine Uebereinkunft, die sogenannte E m s e r P u n c t a t i o n, entwarfen, um die Rechte der deutschen Bischöfe gegen Eingriffe der päpstlichen Nuntien sicher zu stellen. Obgleich Kaiser Joseph II. seinen Schutz zugesagt hatte, scheiterte die Sache an unvorhergesehenen Hindernissen.

12 Jahre vor Baedekers Rheinreise (6. Auflage) erschien eine frühe Ausgabe des späteren „Volks-Brockhaus"-Lexikons – das *Bilder-Conversations-Lexikon für das deutsche Volk. Ein Handbuch zur Verbreitung gemeinnütziger Kenntnisse und zur Unterhaltung"* im Brockhaus-Verlag zu Leipzig mit folgendem Text zu

„**Ems**, ein berühmter Badeort mit ungefähr 70 gutgebauten, zur Beherbergung von Curgästen geeigneten Häusern, unweit des gleichnamigen Dorfes, in einem engen, romantischen Thale, im Herzogthum Nassau, am rechten Ufer der Lahn gelegen, über die hier eine Schiffbrücke führt. Die warmen Quellen von E., deren es jetzt 15 gibt, waren schon den Römern bekannt, doch später vergessen und erst 1355 ward des sonst Eimetz und Empst genannten Ortes als eines Bades wieder gedacht. Später waren Hessen-Darmstadt und Mainz Besitzer desselben und ließen beide Badehäuser aufführen, was zu Anfang des 17. Jahrh. auch von Nassau-Oranien geschah, und seit 1806 ist Nassau im alleinigen Besitz von E. Durch Vereinigung des ehemaligen hessen-darmstädtischen und nassau-oranischen Badehauses oder Schlosses entstand das jetzige Curhaus, das außer

zahlreichen Bädern auch viele Wohnungen für Curgäste enthält und Eigenthum der Regierung ist. Im Armenbad werden arme Kranke ohne Unterschied des Vaterlandes und der Religion unentgeltlich aufgenommen, ärztlich behandelt und verpflegt. (…)"
[Es folgt eine Beschreibung der Quellen und Anwendungen – der Text wird weiter unten zitiert – S. 29.]
Zur *Emser Punctation* ist in „Herders Conversations-Lexikon" (Band 2, 554/556) von 1854 zu lesen:
„**Emser Punctation** heißt die am 25. Aug. 1786 [!] unter-zeichnete Uebereinkunft, welche die Erzbischöfe von Mainz, Köln, Trier und Salzburg abschlossen. Sie bezweckte die Ausdehnung der erzbischöfl. Jurisdiction auf Kosten der päpstlichen u. verlangte deßwegen: Abschaffung der päpstlichen Nuntiaturen in Deutschland; Aufhebung der päpstlichen Dispensationen, des Aschaffenburger Concordats, dagegen Wiederherstellung der Gültigkeit der Dekrete des Concils von Basel; Abschaffung oder Modificirung päpstlicher Rechte auf Besetzung von Pfründen in Deutschland; Ausschließung der Ausländer von deutschen Pfründen; Aenderung des Eides, welchen die Bischöfe dem Papste schwören; Herabsetzung der Annaten und Palliumsgelder; endlich Einsetzung von Provincial-Synodalgerichten. Kaiser Joseph II. unterstütze die Erzbischöfe, indessen scheiterte das Ganze an dem Widerstande des Papstes und dem der deutschen Bischöfe, der Erzbischof von Trier sagte sich los und durch die französ. Revolution bewirkte Umsturz begrub die E. P. unter den Trümmern der Reichsverfassung."

Zur Geschichte von Ems ist nach dem heutigen Stand der Forschung zu ergänzen:
Urkundlich wurde das Dorf erstmals 880 erwähnt – als eine im 6. Jahrhundert entstandene fränkische Siedlung. 1324 erteilte König

Ludwig der Bayer dem Ort die Stadtrechte. Aus dem 14. Jahrhundert stammt die erste Erwähnung eines „warm bayt by Eumetze": 1361 verfügte Graf Johann von Nassau-Hadamar in der Wittumsbeschreibung u.a. „unnser Badt zu Embs" zugunsten seiner Ehefrau Elisabeth von Waldeck.

Der von Baedeker genannte *Ruprecht II., Graf von Nassau*, lebte um 1137 bis um 1159/1166 und war ab 1154 Graf von Nassau. Er war der älteste Sohn des Grafen Ruprecht I. und Beatrix von Limburg. Die Daten sind sehr unsicher. Als Stammvater des Hauses Nassau gilt Dudo von Laurenburg (um 1060 bis um 1123 – s. auch unter *Laurenburg*). Ab 1255 gab es zwei Linien – die Ottonische Linie, später Oranische Linie bis 1890 und die Walramische Linie, ab 1629 bis 1912 Nassau-Weilburg, als jüngere Weilburger Linie bis zum Herzogtum Nassau.

In der Aufzählung der *acht verschiedener Herren Länder* tauchen auch die Namen der Familien *von der Leyen* und *von Stein* auf.

Stammwappen bzw. fürstliches Wappen derer *von der Leyen*

Die Familie *von der Leyen* stammte von der Mosel, gehörte zum Hochadel und hatte ihr Stammschloss die Oberburg (Burg Leyen – 1272 urkundlich erwähnt) in Godorf, das einzige Wasserschloss an der Mosel. Sie waren zunächst Ministeriale der Erzbischöfe von Trier. Durch Heirat entstanden Nebenlinien und Besitztümer u.a. im Raum von Rhein-Mosel-Saar. Das heutige Stadtmuseum in Andernach wurde von Georg II. von der Leyen, kurkölnischer Rat und Amtmann in Andernach 1600 erbaut. Die Familie stellte auch Kurfürsten und Erzbischöfe von Trier – Johann II. von der Leyen (1510-1567) aus der Linie von der Leyen-Saffig 1556 als Johann VI. von der Leyen und Karl Kaspar von der Leyen (aus den Nebelinie Adendorf, 1618-1676) ab 1652. Mit Ferdinand Maria Prinz von der Leyen starb des Adelsgeschlecht im Mannesstamm aus – es besteht jedoch bis heute infolge der Adoption eines Nachfahren in weiblicher Linie
(s. Genealogisches Handbuch des Adels, Fürstliche Häuser, Band X, Limburg 1978).

Die *Reichsfreiherren vom und zum Stein* hatten ihren Stammsitz seit dem 12. Jahrhundert auf der Burg Nassau (s. unter *Nassau* ab S. 37) – das Geschlecht wurde erstmals 1158 urkundlich erwähnt. Das Baudatum der Burg ist nicht bekannt; die Familie erhielt die Burg als Lehen von der Grafen von Nassau (s.o.). Zu Beginn des Dreißigjährigen Krieges verlegt sie ihren Wohnsitz in das ehemalige Zehnthaus in Nassau, das sie zum *Stein'schen Schloss* ausbaute.

Baedeker:
Eine Reihe schöner Wohnhäuser und stattlicher Gasthöfe zieht sich eine Viertelstunde lang an der Lahn hin, größtentheils erst in den letzten Jahrzehnten entstanden. Sie haben alle ganze freie Aussicht nach Süden, über den Fluß, auf grüne Wiesen und waldige Hügel. Die Lage von Ems ist heimlicher, freundlicher, als die der

übrigen Taunusbäder, das Leben daselbst ist ruhiger und geräuschloser, als in andern Badeorten. Die Zahl der Kurgäste beläuft sich jährlich auf etwa 5000, meist den höhern Ständen angehörig. Der Höhepunkt der Kurzeit ist von Mitte Juli bis Ende August. Abends zwischen 6 und 8 Uhr sieht man dann in den Anlagen des Kurhauses die glänzendste Gesellschaft lustwandeln.

Bad Ems um 1865 – nach einem Stahlstich von F. Herchenheim

Von den größern Gebäuden sind zu nennen: das ehemalige T ü n g e n s c h e Schloß, jetzt B a d e h a u s z u d e n v i e r T h ü r m e n, am Eingange von Koblenz aus, das a l t e K u r h a u s und das n e u e K u r h a u s, letzteres ein prächtiges, 1839 vollendetes Gebäude, mit Ballsaal, Speise-Gemächern und der Spielbank, welche (1848) Vormittags von 11 bis 1 und Nachmittags von 3 bis 10 Uhr geöffnet ist. Die Summen, welche zu Ems jährlich von Spielern verloren werden, betragen nach einer ziemlich genauen Angabe 75,000 fl.

Kurpromenade in Bad Ems im 19. Jahrhundert

Ein *historischer Rundgang* durch Bad Ems im 21. Jahrhundert führt uns auch zu den genannten Gebäuden. Wir beginnen ihn am Bahnhof, überqueren die Lahn über die Bahnhofsbrücke und wenden uns dann nach links. Auf der Römerstraße gelangen wir in das alte Kurhausviertel. Das barocke Badeschloss steht an der Römerstraße 1. In der Brunnenhalle (heute Lobby des Grandhotels) treten drei Quellen zu Tage – Kesselbrunnen, Kaiserbrunnen und Emser Kränchen, die Baedeker auch erwähnt (s.u.).
Am westlichen Kurhaus befindet sich eine Informationstafel mit folgendem Text:
„Seit dem 14. Jh. Badehäuser über den Thermalquellen (Kränchen-Brunnen) an dieser Stelle. 1695/96 landgräfl. Hessisches ‚Neues Bad' (westl. Brunnenhalle). Wappen über ehem. Eingang. 1912/13 wurden

bei beide Kurhäuser vom Architekten W. Vitali zu einer Schlossanlage einheitlich barocker Prägung umgebaut."

Blick von der Bahnhofsbrücke auf das Kurhaus (heute mit Hotel)

Altes und neues Kurhaus

Als *Nassauisches Badehaus* wurde 1715 das alte Kurhaus durch einen Neubau ersetzt. Dabei traten mehrere Thermalquellen zu Tage. Im Zentrum der Anlage befand sich der Kesselbrunnen. War anfangs eine dreiflügelige Anlage geplant, so entstanden doch nur zwei Flügel. Von 1835 bis 1849 (s. Baedeker) wurde nach Entwürfen von Johann Gottfried Gutensohn der Kursaal westlich des Kurhauskomplexes errichtet und beide Bauteile wurden durch eine Kolonnade miteinander verbunden.

Auf dem Platz der Partnerschaften vor dem Kurhaus erinnert der *Bernedetti-Stein* an die sogenannte *Emser Depesche*. Es handelt sich um das regierungsinterne Telegramm vom 13. Juli 1870, das Heinrich Abeken (1809-1872), evangelische Theologe und preußischer Wirklicher Geheimer Legationsrat, politischer Berater des Königs, dem preußischen Ministerpräsidenten Otto von Bismarck in Berlin über politische Gespräche in Bad Ems sandte. Dort hatte der französische Botschafter Vincent Benedetti (1817-1900) an König Wilhelm I. von Preußen weitgehende Forderungen zum Verzicht der Hohenzollern auf die spanische Thronfolge übermittelt. Bismarck machte aus der Depesche eine (redigierte und verkürzte) Pressemitteilung, französische Über-setzungen erschienen am 14. Juli, dem Nationalfeiertag in Frankreich, erregten eine nationale Empörung und hatten zur Folge, dass das Kaiserreich Frankreich unter Napoleon III. am 19. Juli 1870 dem Königreich Preußen den Krieg unter Wilhelm I. erklärte, der sich zum Deutsch-Französischen Krieg 1870/71 entwickelte.

An diesem Platz befindet sich auch der Quellentempel der *Römerquelle*, die in der Mitte des 19. Jahrhunderts entdeckt und von dem Wiesbadener Chemiker Remigius Fresenius untersucht wurde.

Folgen wir der Römerstraße, so kommen wir am *Kursaalgebäude* mit Marmorsaal und Kurtheater, an der Spielbank (auf der linken Seite), am Armenbad (rechts) und dann an mehreren historischen Hotel-gebäuden (auf der rechten Seite) vorbei, von denen Baedeker zu Beginn des Kapitels unter „Gasthöfe in Ems" u.a. den *Englischen Hof* (Römerstraße 46) den *Russischen Hof* (Römerstraße 23) und den *Darmstädter Hof (Post) am Kurhause* nennt. In der Römerstraße 37 befindet sich auch das *Kur- und Stadtmuseum*, in dem die Entwicklung von Ems vom mittelalterlichen *Embser Bad* zum *Weltbad* dargestellt wird – mit Einblicken in den Alltag der Kurgäste, die Arbeit der Dienstmädchen und mit Erinnerungen an Jacques Offenbach und die historische Spielbank.

Schließlich gelangen wir auch zum ehemaligen *„Tüngenschen Schloss, jetzt Badehaus zu den vier Thürmen"* – Römerstraße 41-41a, im Kurpark. Das *Vier-Türme-Haus,* die *Karlsburg* wurde ursprünglich von Johann Karl von Thüngen (1648-1709) erbaut. Er stammte aus einer alten fränkischen Adelsfamilie, benannt nach dem unterfränkischen Thüngen (Main-Spessart). Er war u.a. kaiserlicher Generalfeldmarschall während der Zweiten Wiener Türkenbelagerung (September 1683). Für seine Badeaufenthalte in Ems ließ er sich vom kurtrierischen Hofbaumeister *Johann Christoph Sebastiani* (1640-1704 – maßgeblich am Wiederaufbau von Koblenz nach 1688 in Folge des Pfälzischen Erbfolgekrieges beteiligt) 1696 ein Schloss erbauen. In den französischen Revolutionskriegen wurde es stark beschädigt und unbewohnbar. 1817 kaufte es der Badearzt Thilenius (gest. 1818), ließ es sanieren und zu einem Hotel umbauen. Seine Frau Wilhelmine Thilenius baute 1822 auf der südwestlichen Ecke des Hotels *Vier Türme* ein kleines Badehaus mit acht Marmorbädern. 1842 kam das Anwesen in den Besitz der Herzoglich-Nassauischen Generaldomänendirektion und 1845, als Baedeker das Lahntal bereiste, wurde das *neue Badehaus,* entworfen vom Baurat Faber von der Domänenbauverwaltung in Wiesbaden, in Betrieb genommen. Die darin vorhandenen 30 Bäder wurden von der *Neuquelle* gespeist.

Im Hotel logierten nach 1843, als es an den Hotelier Heinrich Becker verpachtet war, der auch das benachbarte Hotel Englischer Hof betrieb, europäische Fürsten und Künstler wie Zar Alexander II. von Russland, Kronprinz Friedrich von Preußen oder auch Carl Maria von Weber.

Bad Ems um 1845 mit dem Hotel *Vier Türme* (links) –
(Stich von W. Lang nach einer Zeichnung von J. F. Dielmann - Ausschnitt)

Im Bad(e)haus konnten Kurgäste für jeweils eine Stunde ein Bad nehmen – 1968 wurde jedoch der Badebetrieb eingestellt, 2008 wurde das Gebäude renoviert und heute als Restaurant (mit einem Theatersaal) genutzt.

Die von Baedeker erwähnte *Spielbank* im Kurhaus entstand bereits 1720 und ist somit die älteste offizielle Spielstätte Deutschlands. Diese erste Emser Spielbank wurde 1872 geschlossen – und 1987 wieder eröffnet.

Über die berühmten *Trinkquellen* schrieb Baedeker:
Die beiden berühmtesten Trinkquellen, der K e s s e l b r u n n e n (38° R.) und das K r ä h n c h e n (26° R. befinden sich in den Hallen des alten Kurhauses. Die Hauptbestandtheile des Emser Wassers sind doppelt kohlensaures Natron und kohlensaures Gas. Es äußert seine Hauptwirkung auf Krankheiten der Athemwerkzeuge und auf Frauenkrankheiten.

1869 veröffentlichte der Bad Emser Brunnenarzt Dr. Albert *Döring* sein Buch „Bad Ems: Die Thermen von Ems zur Orientierung für den Arzt und als Handbuch für den Kurgast". Darin berichtete er über die von Baedeker genannten Quellen Folgendes (in Auszügen zitiert):
„*a) Der Kesselbrunnen.*
Er wurde früher Kurbrunnen, auch Mittelbrunnen genannt, (…), und befindet sich in einer mit einer Galerie umgebenen Nische der auf Säulen und Bogengewölben ruhenden grossen Halle des oberen Kurhauses. Er entspringt unmittelbar aus dem festen Gestein und ist mit einem Kranz von Marmor eingefasst. […]
b) *Das Krähnchen.*
Diese Quelle war in der Vorzeit die einzige, welche zum Trinken benutzt wurde, und man nannte sie das ‚*laue Badebrünnlein*'. Sie befindet sich in einem einer Grotte oder Gruft ähnlichen gewölbten Raum des unteren Kurhauses in der Ecke, wo der untere Flügelbau mit dem Mittelbau aneinanderstösst, der Eingang zu ihm führt vom Kurplatze aus durch eine unter der bedeckten Wandelbahn gelegene Thür. Das Krähnchen liefert eine bescheidene Menge Wasser…, und ergiesst dieselbe durch einen Metallkrahnen, woher es auch seinen jetzigen Namen führt. Seine Ausflussstätte ist aber nicht auch seine Quellstätte, diese liegt vielmehr etwa 20 Fuss von erstere entfernt in einem kleinen, niedrigen Gewölbe, wo das Wasser aus einer senkrechten Zerklüftung einer mächtigen Grauwackenbank hervorrinnt. Hier wird dieselbe in einem kleinen Reservoir angesammelt, und von diesem seiner Ausflussstelle mittelst einer Röhrenleitung zugeführt. Auffallender Weise schwebte früher über die eigentliche Ursprungsstätte ein mystisches Dunkel, indem keine lebende Person darüber Auskunft geben konnte, bis man im Jahre 1843 diese Scheu überwand und den obigen Sachverhalt aufklärte. Ausserhalb des Mauerwerkes, durch welches die Röhrenleitung des Krähnchens geführt ist, und dicht an dem jetzigen Fürstenbrunnen, entspringen

einige kleine Quellen, welche im Geschmack dem Krähnchen ganz gleich, aber etwas wärmer, als dieses sind. Die Fassung des Krähnchens fällt in eine Zeit, aus welcher uns keine Ueberlieferung zugekommen ist, zu Dryanders Zeit 1535 war das *laue Brünnlein* schon gefasst. Des jetzigen Kesselbrunnen, damals Kurbrunnen genannt, geschieht als gefasste Trinkquelle zuerst Erwähnung in einer 1769 zu Herborn gedruckten Schrift: ‚Gründlicher Bericht von dem Gehalt und den Wirkungen des Curbrunnens zu Embs in dem Fürstl. Oranien-Nassauischen Badehause daselbsten.' – Aus dieser Schrift gehr hervor, dass der jetzige Kesselbrunnen gefasst worden ist im Jahre 1715 als der Prinz zu Oranien das alte Nassauische Haus niederlegen und das jetzige obere Kurhaus aufbauen liess. (…)

c) *Fürstenbrunnen.*

Als im Jahre 1839 die Herzogl. Domänen-Direction auf wiederholten Antrag meines Vaters [als Vorgänger des Sohnes als Brunnenarzt in Bad Ems], des am 23. April 1863 verstorbenen Ober-Medizinalraths Dr. *Döring*, die Trinkhalle des Krähnchens, welche wegen ihrer Beschränktheit dem Bedürf-nisse nicht mehr entsprach, soviel als es die gegebenen Lokalverhältnisse gestatteten, vergrössern liess, war es auch die Sorge desselben, den früheren Kesselbrunnen, welcher seit länger als 30 Jahren nicht mehr benutzt worden war, aus seinem Dunkel hervorzuheben und ihm bei dieser Gelegenheit eine neue Fassung zu geben.

Diese Quelle war früher vielfach im Gebrauche gewesen, allein durch alle möglichen Verhältnisse war sie nach und nach zum Trinken nicht mehr benutzt worden, ja selbst der Name war unter-gegangen oder vielmehr auf den Kurbrunnen im oberen Kurhause (den jetzigen Kesselbrunnen) übertragen worden. Deshalb musste man die neugefasste Quelle umtaufen, und sie erhielt von den an dieser Stelle seitwärts gelegenen Fürstenbadquellen den Namen ‚Fürsten-brunnen'.

Da es nun eine bekannte Sache war, das die verschiedenen Emser Quellen ihrem Gehalt nach nur sehr wenig voneinander abweichen, so hielt sich mein Vater für berechtigt, diese Quelle, welche im Sommer 27-28° R., nach Fresenius 35,24° C. Wärme besitzt (also 3-4° mehr hatte als das Krähnchen, -10° weniger als der Kesselbrunnen, an freier Kohlensäure den letzteren übertrifft, hinter dem Krähnchen aber in letzterer Beziehung zurückbleibt) wieder in medicinischen Gebrauch zu ziehen. Der Erfolg bestätigte die auf Analogie gestützte Erwartung, die mein Vater von dem Mittel hegte, welches demselben gerade eine Mittelstufe zwischen Krähnchen und Kesselbrunnen zu bilden schien, in einer ausgezeichneten Weise in der Praxis. (…)"

Weitere Einzelheiten zu den Quellen s. in G. Schwedt „C. Remigius Fresenius und seinen Mineralwasseranalysen. An den Quellen im und am Taunus" (Shaker Media, Aachen 2013)

Albert Dörings Vater war Sebastian Ludwig *Döring* (1773-1835), der in Marburg Medizin studiert hatte (Promotion 1792). Er ließ sich als praktischer Arzt zunächst in Herborn nieder, erhielt dort vom Prinzen von Oranien die Erlaubnis medizinischen Vorlesungen an der damaligen Universität zu halten (1794 als Extraordinarius, 1798 Ordinarius). Von 1818 hatte er die Stelle eines Obermedizinalrates und ordentlichen Mitglieds der herzoglich-nassauischen Landes-regierung zu Wiesbaden – und ab 1821 wirkte er auch als Badearzt zu Bad Ems. Im Amt als *Brunnen-Arzt* (so auf der Titelseite seines Buches von 1869) folgte ihm sein Sohn Albert – im „Staats- und Adreß-Hanbduch des Herzogthums Nassau für das Jahr 1818" noch unter „Medicinalassistent: Albert Döring zu Nassau" neben dem „Brunnenarzt zu Bad=Ems: Geheimer=Rath August Friedrich Diel zu Diez" (dort als Stadtphysikus tätig, lebte von 1756-1839) aufgeführt.

Feldpostkarte von Bad Ems (1912) – mit Emser Kränchen (Original in Farbe)

Folgen wir nun weiter den Angaben von Baedeker in seinem Führer *Rheinreise* zu *Ems und das Lahntal:*
Auf dem Weg nach Dausenau berichtet Baedeker noch:

An der östliche Seite von Ems ragt über der Landstraße die B ä d e r l e i, eine zackige Felsgruppe hoch empor. Merkwürdig sind die H a n s e l m a n n s   H ö h l e n, die, kleine Zellen bildend, sich tief in diese Felsmassen verlieren. Ihre Entstehung ist bis jetzt unenträthselt.

Als *Baedekers Felsenweg* (als wildromantischer Felsenpfad) wird heute ein 3,3 km langer Rundweg mit der Markierung „Blaue Quelle auf weißem Grund", Dauer ca. 1:15 Stunden über 171 Höhenmeter beschrieben. 1861 wurde auf dem Felsen Bäderlei (bzw. Concordia-Höhe Richtung Kemmenau) ein Aussichtsturm mit zwei Aussichtsplattformen errichtet – Concordiaturm genannt. Die Höhlen werden auch Heinzelmannshöhlen genannt. Geologisch gehört das Gebiet der Emser Thermalquellen zum rheinischen Unterdevon. Die Heinzelmannshöhlen stellen ein Karstphänomen dar, d.h. es handelt sich um Auswaschungen einer Gipsformation.

Wir begeben uns von Bad Ems aus nun flussaufwärts – wenn wir mit der Lahntalbahn fahren, verlassen wir sie bereits am nächsten Haltepunkt, dem Bahnhof *Dausenau*.
Baedeker schrieb:
*Die Straße führt über **Dausenau**, wo ein achteckiger Thurm auf eine alte Befestigung des Lahnthals deutet...*

Dausenau

Der heute staatlich anerkannte Erholungsort gehört zur Verbandsgemeinde Bad Ems. Der alte Ortskern ist von einer Stadtmauer umgeben. Als Duzenowe wurde der Ort 1234 erstmals urkundlich erwähnt, 1348 erhielt er sogar die Stadtrechte, die er später jedoch wieder verlor.

Dausenau – Ansicht um 1844; Stahlstich (im Original koloriert) von Jakob Fürchtegott Dielmann, in: Der rheinische Tourist. Ansichten von Ems und seiner Umgebung (Frankfurt 1845)

Sehenswert heute sind die *St. Kastor-Kirche* mit ihrem romanischen Turm um 1179 errichtet, frühgotisch als dreischiffige Staffel-Emporen-Hallenkirche aus dem zweiten Jahrzehnt des 14. Jahrhunderts, die mittelalterliche Ringmauer (noch weitgehend erhalten), von den Türmen der *Torturm* und das im spätgotischen Stil erbaute Rathaus aus dem Jahr 1434. Das *Wirtshaus an der Lahn* am *Torturm* befindet sich in einem Fachwerkhaus aus dem Jahr 1650. Es gehört zu den zahlreichen Wirtshäusern an der Lahn, die den Namen *Wirtshaus an der Lahn* schon aus historischer Zeit aufweisen. Neben dem *Wirtshaus an der Lahn* in Lahnstein (s. dort) kommt auch dieses Wirtshaus für einen Bezug zu den *Wirtinnenverse* in Betracht. Goethe hat dieses Wirtshaus auf seinen Reisen an den Rhein zwischen 1774 und 1815 mehrmals passiert. Und hier, wie oder auch möglicherweise in Lahnstein, soll Goethe als er eine Schorle statt Wein trank und von einem Herrn am Nachbartisch bespöttelt wurde, folgenden Vers auf die Tischplatte (bis 1935 noch unter einer Glasplatte zu lesen) gekritzelt haben:

Wasser allein macht stumm,
das zeigen im Bach die Fische,
Wein allein macht dumm,
siehe die Herrn am Tische,
da ich keins von beiden will sein,
trink ich Wasser mit Wein.

Das *Alte Wirtshaus an der Lahn* (Lahnstraße 12) befindet sich in einem alten Fachwerkhaus – es steht auf der Stadtmauer, dem Fluss zugewandt. Die noch vorhandene historische Stadtmauer schützte das Gasthaus, in dem Schiffer und Fuhrleute übernachteten. Im Dreißigjährigen Krieg fanden hier auch Truppenbelegungen statt, womit die Geschichte des Wirtshauses über mehr als 350 Jahre belegt ist. In Dausenau wurde bis 1991 auch Wein angebaut. Auf ein kleines Weinanbaugebiet heute werden wir erst in *Obernhof* treffen

Nassau

Merian-Stich aus der Topographia Hassiae

Baedeker reiste von Bad Ems über Dausenau nach Nassau:
*... in 1 ½ St. nach dem Städtchen **Nassau** (Gasth. Krone, Kettenbrücke; Nassauer Hof jenseits der Lahn).*

Den *Gasth. Krone* gibt es als Hotel-Restaurant „Zur Krone" („direkt an den Lahnanlagen der Stadt Nassau, in unmittelbarer Nähe des neu gestalteten ‚Freiherr von Stein Parks'...") noch heute. Zur Geschichte ist auf der Webseite des Hotels zu erfahren:
„...Erbaut 1740 entwickelte es sich schon früh zu einem Ort des Geschehens und hielt diese Position bis heute inne. Nachdem es in der Zeit von 1740 bis 1828 zunächst als Poststation diente, wurde es später als Poststelle genutzt. Zum Hotel in Nassau wurde es 1938 als August Huber das Haus für seine Frau kaufte und schließlich im

Anschluss an verschiedene Neuerungen das Hotel ‚Zur Krone' feierlich eröffnete."

Baedeker berichtete:
Innerhalb der Mauern des Städtchens ist die Besitzung eines allen Deutschen durch edle Gesinnung und kühne That in schwerer Zeit unvergeßlichen Mannes, des 1831 gestorbenen ehemaligen preußischen Ministers, Freiherr v o m   S t e i n, „des Rechts Grundstein, der Bösen Eckstein, der Deutschen Edelstein". Wer jene schwere Zeit mit erlebt hat oder ihre Bedeutung noch zu fassen vermag, möge nicht versäumen, den gothischen Thurm zu besuchen, den zum Andenken an die Befreiungskriege Herr von Stein an das Schloß anbauen ließ: mit Bildern großer Männer (Maximilian I., Karl V., Luther, Friedrich der Weise, Tilly, Wallenstein, der große Kurfürst, Prinz Ludwig von Baden, Blücher, Gneisenau, Scharnhorst), mit Gedächtnißtafeln an die Jahre 1812 bis 1815, und mit den Büsten der drei Monarchen, Alexander, Franz, Friedrich Wilhelm III., über den Büsten die Worte: Vertrauen auf Gott, Muth, Einigkeit, Beharrlichkeit. In diesem Thurm verweilte und wirkte der Reformator des preußischen Staates bei seinem Aufenthalte in Nassau am liebsten, hier zeigte er den Fremden vor allem mit dem größten Wohlgefallen das Bildniß seines früher heimgegangenen Freundes   S c h a r n - h o r s t. Es ist eine Stelle voll ernster Erinnerungen, – die Manen des Erbauers schweben darin. Die ganze Besitzung gehört jetzt dem Schwiegersohn des Freiherrn vom Stein, dem edlen Grafen G i e c h. Die Erlaubniß zur Besichtigung des Thurms gibt der Rentmeister (dem Begleiter 18 kr. Trinkg.).
*Jenseits der Lahn, über welche eine schöne K e t t e n - b r ü c k e führt, erhebt sich, dem Städtchen gegenüber, groß und malerisch, ein mit Bäumen und Gesträuch bewachsener Bergkegel, auf dessen Gipfel die Trümmer der Burg **Nassau**, des Stammsitzes der*

*Herzoge, erbaut um 1101, hervorragen. Unterhalb auf einem schroffen, gewaltigen Felsblock liegt kühn und malerisch die verfallene Burg **Stein**. Die Waldumgebungen sind vom Vater des Ministers zu einer englischen Anlage eingerichtet. Auf einem Vorsprunge steht ein kleiner offener Tempel mit herrlicher Aussicht.*

Beginnen wir zu diesem Städtchen zunächst mit dessen eigener Geschichte, die jedoch eng mit beiden Adelsfamilien verbunden ist.
Als *Villa Nassova* wurde ein dem Bischof von Worms gehöriger Gutshof 915 urkundlich erwähnt. Es handelte sich um einen Fronhof des deutschen Königs Konrad I. im Zentrum eines Guts- und Forstbezirks zwischen Sayn, Lahn und Rhein. Die Burg Nassau wurde von den Grafen von Laurenburg um 1100 erbaut, die sich dort ab 1160 Grafen von Nassau nannten. Die Burg wurde zur Stammburg des Nassauer Grafengeschlechts – das übrigens heute noch in Luxemburg und in den Niederlanden regiert. Mit der Verleihung der Stadtrechte an Nassau (sowie Dausenau und Scheuern) am 26. Juli 1348 durch Kaiser Karl IV. setzte eine deutliche Aufwärtsentwicklung ein – Nassau wurde auch Gerichtsstätte. Ab 1806 gehörte Nassau zum neu errichteten Herzogtum Nassau, das 1866 von Preußen annektiert wurde.

Ausschnitt aus dem Merianstich (1655): Burg Nassau und Burg Stein

Das *Steinsche Schloss* ist ein Stadtschloss (heute im Besitz des Grafen von Kanitz). Es liegt in der Ortsmitte von Nassau. Zuvor stand an dieser Stelle ein Zehnthof – bereits seit dem 14. Jahrhundert im Besitz der Familie vom Stein. Die über der Stadt liegende *Burg Stein* (heute eine Ruine mit Torturm und Mauerresten), Stammsitz der Familie, wurde bereits 1158 urkundlich erwähnt. Die Burg wurde von der Familie als Lehen der Grafen von Nassau übernommen. Sie sollte als vorgelagerte Befestigung die Hauptburg der Nassauer schützen. Bereits zu Beginn des Dreißigjährigen Krieges verlegte die inzwischen wohlhabend und einflussreich gewordene Familie ihren Wohnsitz in den ehemaligen Zehnthof, den sie zum Steinschen Schloss ausbauen ließ. Bis 1621 wurde der Hauptbau im Stil der Spätrenaissance umgebaut, 1755 wurden zwei barocke Flügel angebaut. Der von Baedeker genannte achteckige neu-gotische Turm entstand zwischen 1814 und 1816 unter dem Baumeister Johann Claudius von Lassaulx aus Koblenz (1781-1848), der als Architekt in der preußischen Rheinprovinz tätig war, zum Gedenken an die Befreiungskriege – 2016 wieder in der Originalfarbe.

Heinrich Friedrich Karl Freiherr vom und zum Stein
Heinrich Friedrich *Karl vom und zum Stein* (1757-1831) wurde in Nassau geboren. Er studierte ab 1773 an der Universität Göttingen Jura, Geschichte und Kameralwissenschaften (Ökonomie). Zu seinen einflussreichsten Lehrern gehörten August Ludwig Schlözer (1735-1809, Historiker der Aufklärung) und Johann Stephan Pütter (1725-1807, Staatsrechtslehrer und Publizist). 1777 verließ er die Universität ohne Abschluss, begann jedoch zur Vorbereitung auf den Staatsdienst ein Praktikum am Reichskammergericht in Wetzlar. Nach Studienreisen bzw. Kavalliersreisen u.a. nach Wien und Ungarn trat er 1780 in den preußischen Staatsdienst ein.

Im bereits zitierten „Volks-Brockhaus" (s. Bad Ems) Band 4 (1841) – also aus der Zeit von Karl Baedeker – ist über den Freiherrn vom und zum Stein u.a. zu lesen:

„...preuß. Staatsminister, wurde 1757 zu Nassau an der Lahn geboren, bezog 1773 die Universität Göttingen und wurde in preuß. Diensten 1780 als Bergrath in Wetter in der Grafschaft Mark angestellt. Darauf 1784 als Gesandter nach Aschaffenburg geschickt, vermochte er den Kurfürsten von Mainz, dem Fürstenbunde beizutreten. Er avancirte nun schnell im Staatsdienste und erwarb sich als Oberpräsident aller westfäl. Kammern (seit 1796) namentlich um den Chausseebau und die Forstwissenschaft Verdienste. Nachdem 1804 der Minister des Acise-, Zoll- und Fabrikdepartements Struensee gestorben war, wurde S. an dessen Stelle berufen. Eifrig in Abschaffung aller Misbräuche zog er sich Angriffe von mehren Seiten zu und so wurde er 1807 in

Königsberg, wohin er in Folge der unglücklichen Schlacht bei Jena hatte fliehen müssen, entlassen. Schon nach dem tilsiter Frieden wurde er jedoch zurückberufen und 1808 zum Premierminister ernannt. Er wirkte nun im Stillen eifrig zur Befreiung Deutschlands und dies hatte zur Folge, daß ihn Napoleon 1808 um seine Stellung brachte und er sich 1809-12 in Östreich aufhalten mußte. Er ging hierauf nach Rußland und war auch hier thätig zum nahe bevorstehenden Sturze der franz. Übermacht. Als nach der Schlacht bei Leipzig durch die Aliirten eine Centralverwaltung errichtet wurde, deren Aufgabe es war, die Hülfsquellen der eroberten Länder zu benutzen, um Deutschlands Befreiung zu bewerkstelligen, wurde S. an die Spitze derselben gestellt. In Folge der Beschränkungen, welche dieselbe erlitt und die ihre Thätigkeit hemmten, und der Bedingungen des pariser Friedens, mit welchen S. nicht einverstanden war, zog er sich von den Staatsgeschäften wieder zurück und lebte auf seinen Gütern im Nassauischen und in Westfahlen. Er veranlaßte 1819 die Stiftung der Gesellschaft für Deutschlands ältere Geschichtskunde zu Frankfurt am Main, wurde 1827 Mitglied des Staatsraths und war 1827, 1829 und 1830 als Landtagsmarschall der westfälischen Provinzen tätig. (…) Mit der höchsten Uneigennützigkeit, mit Eifer und Ausdauer hat S. zur Befreiung Deutschlands mitgewirkt und sich dadurch für alle Zeiten den Dank seines Volkes verdient, dessen Heil ihm über Alles ging, und er würde noch weiter für dasselbe thätig gewesen sein, wenn nicht sein starrer Wille, seine Unbeugsamkeit ihn von den Staatsgeschäften ausgeschlossen hätten…"

Das Bild des Freiherrn vom und zum Stein heute in der Geschichte ist vor allem durch *Stein-Hardenbergschen Reformen* geprägt – wirtschaftliche und soziale Reformen mit dem Ziel, den preußischen Staat nach der Niederlage gegen Napoleon eine reformierte Staats- und Wirtschaftsverfassung zu geben. Aufklärung Liberalismus standen im Mittelpunkt dieser Reformen (Beispiele: Bauernbefreiung 1807, Städteordnung 1808, Neuregelung der Staatsverwaltung mit der Einrichtung von Fachministerien, Einführung der Gewerbefreiheit 1810). Er war ein Gegner der einsetzenden Restauration nach dem Wiener Kongress, womit die letzte Aussage aus dem „Volks-Brockhaus" erklärt sei.

Goethe zu Besuch in Nassau
Goethe war im Juli 1815 zu Besuch bei der Familie vom Stein. In seinem Tage vermerkte Goethe unter dem 29. Bis 31. Juli 1815 u.a.: *„29. Bis Nassau... Abends Thee bey Fr. v. Stein... 30. In Nassau. Im Garten mit Hrn. v. Stein und den Damen... Mittag Familientafel. Spaziergang mit den Damen in ein Thal über dem Wasser... 31. Mit Hrn v. Stein und Motz* [Präsident der Landesdirektion in Weimar, später Oberhofmeister der Großherzogin Luise] *im Garten. Dazu die Damen. Abschied..."* – Die Schwester des Freiherrn, Jeanette Luise, soll Vorbild für die Gräfin in „Wilhelm Meisters Lehrjahre" gewesen sein.

Goethe kam mit dem Oberbergrat Cramer aus Wiesbaden und reiste mit Freiherrn vom Stein an der Lahn entlang an den Rhein bei Koblenz und weiter nach Köln. Auf der Rückreise hielten sie sich in Bonn auf und machten einen Abstecher zur Abtei Maria Laach (Gedenktafel). Der persönliche Gedankenaustausch zwischen Goethe und dem Freiherrn vom Stein führte zu Goethes Hinwendung zur mittelalterlichen und vaterländischen Kunst sowie zu Goethes Schrift „Kunst und Altertum an Rhein und Main". Auch Goethes Interesse an der von Stein 1819 gegründeten Gesellschaft für ältere deutsche Geschichtskunde ist auf diesen Kontakt zurückzuführen.

Der *gothische Turm* ist auch heute noch zu besichtigen (nach Anmeldung) – und auch die von Baedeker erwähnte *Kettenbrücke* gibt es noch. Fahren wir mit der Lahntalbahn von Bad Ems nach Nassau und begeben wir uns auf eine Spurensuche bzw. auf einen Rundgang.

Als „Spaziergang durch Nassau" kann er nach einem Plan der Tourist-Information „Touristik im Nassauer Land" erfolgen. Er beginnt am *Rathaus*, dem ehemaligen „Adelsheimer Hof" (erbaut 1607/09), führt uns zunächst durch die Altstadt, durch die *Hintergasse* hinter der ehemaligen südlichen Ringmauer der Stadtbefestigung, zum *Grauen Turm* (Grafenturm), 1414 erwähnt, der zwischen 1600 und 1659 als Hexenturm (Verhör und Folterung von „Hexen" vor deren Hinrichtung) diente, zum Hotel „*Zur Krone*" (von Baedeker genannt), einer ehemaligen Pfortenschenke am Äschertor des Brückenturmes der mittelalterlichen Steinbrücke über die Lahn (1770 bis 1825 Poststation derer von Thurn- und Taxis), an der evangelischen *Pfarrkirche* (Johannes dem Täufer gewidmet, mit Grabbildplatten der Stifterfamilie vom Stein aus dem 15. bis 18. Jahrhundert an der nördlichen Innenwand) zu 1828/30 erbauten *Kettenbrücke* (Wiederaufbau nach der Zerstörung 1945; Neubau in ursprünglicher Form 2003/2005). Auf der linken Seite der Lahn befinden sich sowohl der *Stammburg Nassau* (um 1120 durch die Grafen von Laurenburg/Nassau erbaut) als auch die *Burgruine Stein* sowie das *Freiherr-vom-Stein-Denkmal* in dessen Nähe. Auf dem Rückweg gehen wir von der Brücke nach Überquerung der Lahn nach links durch die Lahnstraße in die Römerstraße, erreichen an der Schlossstraße das *Schloss Stein*, in dessen Nähe sich auch das *Buderushaus* (Geburtshaus des 1690 geborenen Gründers der Wetzlarer Eisenwerke, von einem Nachfahren 1800 neu erbaut) und die *Mühlpforte* (Pforte an der alten Steinschen Mühle durch die nördliche Ringmauer) befinden.
Ehe wir wieder zum Bahnhof zurückkehren, sollten wir noch den *Freiherr-vom-Sten-Park* direkt an der Lahn besuchen, in dem sich die

Statue des Freiherrn von Stein sowie Informationstafel über sein Leben und Wirken befinden.

Bilder großer Männer
- *Maximilian I.* von Habsburg, genannt der letzte Ritter (1459-1519), ab 1486 römisch-deutscher König, 1493 Erzherzog von Österreich und 1508 Kaiser des Heiligen Römischen Reichs.
- *Karl V.* (1500-1558) aus dem Hause Habsburg, einer der mächtigsten europäischen Herrscher, regierte über Gebiete in Europa und Amerika, 1519 König von Spanien, 1519 römisch-deutscher König, 1520 „erwählter" Kaiser des Heiligen Römischen Reiches.
- *Luther,* Martin (1483-1546), der theologische Urheber der Reformation.
- *Friedrich der Weise*, Friedrich III. (1463-1525), ab 1486 Kurfürst von Sachsen, Beschützer und Förderer von Luther.

Maximilian I. Karl V.

Luther   Friedrich der Weise

- *Tilly,* Johann Tserclaes (1559-1632), Oberbefehlshaber der katholischen Liga-Truppen im Dienste des Kurfürsten von Bayern im Dreißigjährigen Krieg.
- *Wallenstein,* eigentlich Albrecht Wenzel Eusebius von Waldstein (1583-1634), böhmischer Feldherr und Politiker, Herzog von Friedland und Sagan, 1628 bis 1631 als Albrecht VIII. Herzog zu Mecklenburg, als Generalissmus zwischen 1625 und 1634 zweimal Oberbefehlshaber der kaiserlichen Armee im Dreißig-jährigen Krieg.

Tilly   Wallenstein

- *Der große Kurfürst*, Friedrich Wilhelm von Brandenburg aus dem Hause Habsburg (1620-1688), 1640 Markgraf von Brandenburg, Erzkämmerer und Kurfürst des Heiligen Römischen Reiches, Herzog in Preußen, Pommern und Kleve sowie Fürst in Minden und Halberstadt, erhielt 1675 den Beinamen der *Goße Kurfürst*.
- *Prinz Ludwig von Baden*, Ludwig Wilhelm (1655-1707), Reichsfeldherr, genannt *Türkenlouis*, Regent der Markgrafschaft Baden-Baden, Bauherr des Rastatter Schlosses, Generalleutnant aller kaiserlicher Truppen und siegreicher Feldherr in den Türkenkriegen; Generalwachtmeister bei der Befreiung Wiens 1683.
- *Blücher*, Gebhard Leberecht von Blücher (1742-1819), Fürst von Wahlstatt, preußischer Generalfeldmarschall – *Marschall Vorwärts* genannt (in den Befreiungskriegen gegen Napoleon).
- *Gneisenau*, August Neidhardt von Gneisenau (1760-1831), preußischer Generalfeldmarschall und Reformer des preußischen Heeres – Blüchers Stabschef beim Sieg bei Waterloo (18. Juni 1815).
- *Scharnhorst*, Gerhard von (1755-1813), Vorsitzender der Militärreorganisation ab 1807, entscheidender Organisator der Preußischen Heeresreform.

Der Große Kurfürst

Prinz Ludwig von Baden

Blücher

Gneisenau

Scharnhorst

Zu den Büsten der drei Monarchen

- *Alexander* I. (1777-1825), Pawlowitsch Romanow, aus dem Hause Romanow-Holstein-Gottorp, 1801-1825 Kaiser von Russland, 1815-1825 König von Polen, erster russischer Großfürst von Finnland.
- *Franz* von Österreich (1768-1835), aus dem Hause Habsburg-Lothringen, 1792 bis 1806 als Franz II. letzer Kaiser des Heiligen Römischen Reiches Deutscher Nation, von 1804 bis 1835 als Franz I. erster Kaiser von Österreich.

- *Friedrich Wilhelm III.* von Preußen (1770-1840), ab 1797 König von Preußen, Markgraf von Brandenburg, Kurfürst und Erzkämmerer des Heiligen Römischen Reiches bis zu dessen Auflösung 1806.

Alexander   Franz   Friedrich Wilhelm III.

(Die abgebildeten Porträts bzw. Büsten zu den von Baedeker genannten *Bildern großer Männer* bzw. *Büsten der drei Monarchen* (2016 in Restaurierung) sind nicht identisch mit denen im neugotischen Turm, sondern sie wurden aus der Vielzahl von Darstellungen ausgewählt.)

Obernhof und Burg Langenau

Baedeker schrieb:
Ein guter Fahrweg führt von Nassau im Lahnthale aufwärts in 1 ½ St. nach **Obernhof***, an der Burg* **Langenau** *vorbei, dem Stammsitze der 1613 erloschenen Familie dieses Namens, jetzt dem Herrn v o n M a r i o t h gehörig. Wartthurm und Ringmauern sind noch wohl erhalten, innerhalb derselben ist ein neues Wohngebäude aufgeführt.*

In Obernhof (mit Bahnstation) stoßen wir auf eine Reihe von Fachwerkhäusern, die schon zur Zeit von Baedekers Lahnreise existierten – so in der Bonngasse (dort auch ein Brunnen vor dem Haus Bonngasse 2) und in der Hauptstraße. Sie stammen vorwiegend aus dem 17. bzw. 18. Jahrhundert. Die evangelische Pfarrkirche wurde 1715 als Hallenkirche im Barockstil erbaut.

Hier finden wir auch die noch einzigen *Weinberge* mit Schieferböden im Lahntal – als Enklave zum Weinbaugebiet Mittrhein gehörend – den *Lahnwein* mit den Sorten Spätburgunder, Müller-Thurgau und Riesling am *Obernhofer Goetheberg* und in der Weinbergslage *Weinährer Giebelhöll* aus mehreren Weingütern (mit Weinstuben).

Burg (Schloss) Langenau
Die Anlage entstand als Niederungsburg an der Mündung des Gelbachs in die Lahn. Als ungewöhnlich für die Region war diese Form der Tiefburg – und nicht als Höhenburg. Urkundlich wird die Burg erstmals 1243 im Erbe der Gräfin Mechthild von Sayn (um 1203 bis um 1291) genannt, die es dem Erzbistum Köln vermachte. Verwandte der Grafen von Laurenburg (aus dem frühen Hause Nassau), Ritter von Langenau, erhielten die Burg bzw. Festung als

Lehen. Durch einen Damm wurde sie in eine Wasserburg umgewandelt. Aus dem 13. Jahrhundert ist der quadratische Bergfried im romanischen Baustil erhalten geblieben. Im 14. und 15. Jahrhundert entstanden die übrigen Befestigungen wie die Ringmauer und eine acht Meter hohe Schildmauer mit zwei Flankierungstürmen im Stil der Gotik. In der Mitte entstand die Burg Neu-Langenau und die bisherige Anlage wurde nur noch als Wirtschaftshof genutzt. 1613 starb die Familie aus, die Besitzer wechselten mehrmals und im 17. Jahrhundert entstand dann ein großes Fachwerk-Wirtschaftsgebäude. Die Händler- und Industriellenfamilie des Johann Franz von *Marioth* (gest. 1726) erwarb 1696 die Anlage als Wohnsitz und ließ sie zu einem Schloss ausbauen. Eine Tochter des bereits ausführlich vorgestellten Freiherrn vom und zum Stein, Gräfin Giech, geb. Henriette vom und zum Stein (1796-1865), verheiratet mit Hermann von Giech (1791-1836) aus altem fränkischen Adelsgeschlecht, zum Hochadel zählend, wurde 1847 neue Eigentümerin. Sie ließ das Schloss zu einem Kranken- und Rettungshaus für verwahrloste Kinder umbauen. 1853 wurde die Anstalt nach Scheuern verlegt.

Zeichnung aus: *Führer durch das Lahntal* (1927 – 2. Aufl. von Victor Gehler)

Mit dem Schloss war die reichsritterliche (reichsunmittelbare) Herrschaft Langenau verbunden. Sie wurde aufgrund des Reichsdeputationshauptschlusses von 1803 mediatisiert und in das Fürstentum Nassau-Usingen eingegliedert.
Seit der Mitte des 19. Jahrhunderts diente Schloss Langenau als landwirtschaftliches Gut – und nach Instandsetzung (1912/13) von 1926 bis 1924 sogar als nassauische Hochschule für Landwirtschaft. Von der Gräfin Giech gelangte das Schloss über die Familien von Kielmannsegge und von der Groeben an die Grafen von Kanitz, ein altes Adelsgeschlecht westslawischer Herkunft aus der Markgrafschaft Meißen. Heute befindet sich im Schlossgebäude ein Gastronomiebetrieb.

Im *Führer durch das Lahntal* von Professor Dr. Victor Gehler aus Diez a.L. ist ergänzend zum Schloss Langenau zu lesen:
„…Der Hauptturm stammt aus dem 13. Jahrhundert, die übrigen Wehranlagen wurden um 1350 von dem Ritter Daniel von Langenau errichtet, der auch die Burg Hohenfels erbaut hatte. (…) Im Jahre 1847 errichtete eine Tochter des Freiherrn vom Stein in dem Schloß ein Hospital für verwahrloste Kinder, jetzt [1927] dient es als **Erholungsheim**, das von dem früheren Pfarrer und jetzigen Schriftsteller Emil Engelhardt [1887-1961] nach dem Muster des zwischen Partenkirchen und Mittenwalde gelegenen Dr. Müllerschen Erholungsheims Schloß Elmau geleitet wird, ‚eine Stätte für Freunde persönlicher Kultur und körperlicher und seelischer Stärkung in gemeinschaftlichem Leben.' Seit drei Jahren finden während des Winters im Schlosse die Kurse der ‚Nassauischen Bauernhochschule' statt.

Die östliche S c h i l d m a u e r der Burg mit ihren beiden Ecktürmen und ihren auf einem Rundbogenfries vorgekragten Zinnen kann als ein besonders gutes Beispiel für diese bei den nassauischen

Burgen eine wichtige Rolle spielende Art von Wehrbauten angesehen werden. Ursprünglich waren alle Ringmauern mit Wehrgängen versehen. Der die Burg auf drei Seiten umgebende, mit wildem undurchdringlichem Gestrüpp ausgefüllte W a l l g r a b e n konnte vom Gelbach aus unter Wasser gesetzt werden. Eine malerische Baugruppe bilden die beiden F a c h w e r k h ä u s e r links vom Eingangstor. Der stattliche Barockbau des H e r r e n h a u s e s wurde 1912 von Professor Bodo Ebhardt wiederhergestellt. In seinem Inneren sind die Treppenhalle, die Stuckdecke des Saales und ein reichverzierter Kamin sehenswert."

Bodo *Ebhardt* (Bremen 1865-1945 Marksburg bei Braubach am Rhein) war Architekt, Architekturhistoriker und eine bedeutender Burgenforscher.

Burg Langenau und Kloster Arnstein (links) – nach dem Stahlstich (Aquatinta) 1840 von Salathé nach Ch. Bouchet

Kloster Arnstein

Anschließend an den Text zur Burg **Langenau** schrieb Baedeker:
*Jenseit der Lahn blickt malerisch von einem waldigen Felskegel das stattliche Kloster **Arnstein** mit seiner Kirche und den vielfensterigen Gebäuden in das Thal hinab. Die mächtigen Grafen von Arnstein gründeten es um die Mitte des 11. Jahrh. als Burg; sie starben hundert Jahre später aus. Der letzte dieses Stammes schuf aus seiner Burg ein Prämonstratenser-Kloster, welches 1803 aufgehoben wurde. Die vorhandenen bewohnbaren Gebäude dienen als Priesterhaus für untauglich gewordene katholische Geistliche.*

Kloster Arnstein – Ausschnitt aus dem Stahlstich vorige Seite

Der Ursprung des Klosters geht auf eine Burg aus dem 11. Jahrhundert – 1052 erstmals erwähnt – zurück. 1139 wandelte Graf Ludwig III. von Arnstein (1109-1185) seine Burg in ein Prämonstratenser-Kloster um, in das er selbst eintrat. Seine Frau Gräfin Guda von Bomeneburg lebte bis zu ihrem Tod als Klausnerin in der Nähe des Klosters. Zu dieser Zeit wurde ein Teil der Burg abgerissen. 1145 bestätige König Konrad III. die Abtei als reichsunmittelbar. Die Klosterkirche wurde erst 1360 fertiggestellt. 1803 wurde das Kloster in Folge der Säkularisation aufgehoben – es fiel an das Herzogtum Nassau, welche 1817 Kirche und Kloster auf Abbruch verkaufte. 1919 kamen die *Arnsteiner Patres* („Kongregation von den Heiligsten Herzen Jesu und Mariens und der ewigen Anbetung des Allerheiligsten Altarsakramentes" 1800 gegründet, abgekürzt nach lat. Bezeichnung *sacrorum cordium* SSCC) als katholische Ordensgemeinschaft in das Kloster als Wallfahrtsort. Nach fast hundert Jahren werden sie das Kloster (2018) wieder aufgeben.

Kloster Arnstein – aus: August Spieß, Das Lahnthal von seinem Ursprung bis zur Ausmündung, Ems 1866.

Im „Führer durch das Lahntal" berichtete Victor Gehler (1927) Folgendes über das *Kloster Arnstein (Vom Bahnhof Obernhof 15 Min.)*:

„Auf dem schön geformten, üppig bewaldeten Berg-kegel, der sich zwischen Lahn und Dörsbach kurz vor ihrer Vereinigung vorschiebt, thront jetzt die stolze, viertürmige A b t e i k i r c h e A r n s t e i n, inmitten einer prächtigen Landschaft, die zu den malerischsten des Nassauer Landes zählt und deshalb alljährlich von Tausenden von Wanderern aufge-sucht wird. An ihrer Stelle stand ursprünglich eine B u r g, die der G a u g r a f A r n o l d vom Einrich um 1030 erbaute und Arnoldstein nannte. Hundert Jahre später wandelte Ludwig III., der letzte Sprößling aus dem vornehmen Grafengeschlechte, die Stammburg seiner Väter in ein Kloster, in das er selbst, sowie fünf seiner Ritter, sein Truchseß und sein Burgkaplan als Mönche eintraten. Seine weltliche Herrschaft und seine Güter, soweit sie nicht dem Kloster geschenkt wurden, trat er seinen Verwandten, den Herren von Isenburg ab, die sie später an Nassau und Katzenelnbogen verkauften. Im Jahre 1185 starb Ludwig in Gummersheim in Rheinhessen, wo er ein Frauenkloster gegründet hatte.

Es ist schwer zu sagen, weshalb der dreißigjährige Graf aus einem hochangesehenen Hause, das über den Einrichgau gebot und die Gerichtsbarkeit über die linksrheinischen Städte Oberwesel, St. Goar, Boppard und Koblenz ausübte, in ein Kloster eintrat. Nach der einen Annahme war G r a f L u d w i g ein gefürchteter Raubritter, der allen Lastern und Rohheiten seines wilden Zeitalters fröhnte und durch seine Räubereien die ganze Gegend unsicher machte, bis er endlich seines wüsten Treibens müde wurde und die Stille des Klosters aufsuchte. Andere meinen, daß den Grafen dieselbe religiöse Begeisterung erfaßte, die zu jener Zeit die Blüte der abendländischen Ritterschaft in die Ferne trieb, um den Ungläubigen das heilige Grab zu entreißen, und die zahlreiche andere bewog, ihren Besitz der Kirche zu vermachen. Eine L e b e n s b e s c h r e i b u n g d e s G r a f e n L u d w i g III. ist von einem Arnsteiner Mönch um das Jahr 1200 verfaßt worden. Das lateinisch geschriebene Werk bildet eine der kostbarsten älteren Geschichtsquellen für das Haus Nassau.

Infolge reicher Schenkungen blühte die P r ä m o n s t r a - t e n s e r a b t e i zu einer hervorragenden Kulturstätte des Lahntales empor. Unter ihren 47 Aebten war der bedeutendste W i l h e l m v o n S t a f f e l, der 1360 die Stiftskirche umbauen und erweitern ließ. Bis in das 16. Jahrhundert übten die Grafen von N a s s a u die Vogtei über das Kloster aus; als sie evangelisch wurden, ging nach langem Streit die Schutzherrschaft auf den Kurfürsten von Trier über. 1803 wurde die Abtei aufgehoben. Ihre reichen Besitzungen kamen an N a s s a u - W e i l b u r g, die Stiftskirche wurde als Pfarrkirche der Gemeinde Seelbach-Arnstein überwiesen. (...)"

Staffel, heute Ortsteil von Limburg, nordwestlich an die Kernstadt angrenzend, war der Ursprungssitz der regional bedeutenden Ritterfamilie von Staffel. Sie besaß u.a. die Burg Balduinstein (s. dort) und ab 1517 auch die Burg Falkenstein im Taunus sowie ab 1431 die halbe und ab 1497 die gesamte Herrschaft Nievern. 1195 wurden die Staffels erstmals erwähnt. Das alte Vikariat gegenüber dem Limburger Dom war ursprünglich ein *Festes* (wehrhaftes) *Haus* der Familie von Staffel. Zu dieser Familie zählte auch Abt Wilhelm von Staffel. Als letzter Vertreter dieser Familie verstarb 1683 Philipp Adolf von Staffel als Domherr in Mainz.

Victor Gehler beschrieb in seinem „Führer durch das Lahntal" (1927) auch den damaligen Zustand der Klostergebäude und einige Details der Kirche:
„Von den einstigen K l o s t e r g e b ä u d e n sind noch ausgedehnte Ruinen vorhanden. Erhalten blieben nur der K e l l e r e i - b a u im Barockstil, das jetzige Pfarrhaus, ferner die Westmauer des K r e u z g a n g s und das R e f e k t o r i u m, ein 20 Meter langer romanischer Bau. Das Pfarrhaus diente zeitweise bis zum Jahre 1869 als Besserungsanstalt für katholische Geistliche der Diözese Limburg.

Seit einigen Jahren ist das Kloster Arnstein im Besitz der Brüder vom Herzen Jesu und Marias.

Die **Kirche** ist in ihrer Anlage romanisch, der Chor und die Querschiffe, die auf Wilhelm von Staffel zurückgehen, weisen jedoch gotische Formen auf. Das Innere ist hübsch ausgestattet. Von den G r a b s t e i n e n sind erwähnenswert das Denkmal des Abtes Wilhelm von Staffel († 1367) und die Steine des Oberamtmanns Wilhelm von Staffel († 1530) und seiner Witwe († 1544), zwei Flachreliefs mit meisterhaft ausgeführten ausdrucksvollen Gestalten. Im südlichen Querschiff steht schönes altes C h o r g e s t ü h l mit charakteristisch geschnit-tenen Köpfen. Sehenswert sind auch der H o c h a l t a r, die K a n z e l und das O r g e l g e h ä u s e, schöne Werke der Rokokokunst, von denen namentlich die Kanzel mit ihrem Muschelornament und ihren Engelsfiguren eine erstaunliche Kunstfertigkeit des Schnitzers erkennen läßt. Das Kloster besitzt ein K r u z i f i x, das sich durch anatomische Vollendung auszeichnet."

Bevor Baedeker seine Reise durch das Lahntal fortsetzte, schrieb er noch zu *Obernhof*:
Obernhof gewährt nur die allerbescheidenste Unterkunft. Der Wirth heißt Philibar.
Der seltsame Name *Philibar* veranlasste mich zu weiteren Recherchen. Eine Webseite zu „The Philippar family" führte mich zu Vorfahren offensichtlich ausgewanderter Familienmitglieder zu mehreren Generationen mit Namen Philibar in Obernhof – und so auch aus der Zeit, als Baedeker für seinen Reiseführer unterwegs war. Damals lebte in Obernhof ein Johann Jakob Philibar (1800-1860), verheiratet mit Anna Clara Hoffmann (1807-1865), die einen Sohn mit Namen Peter (1835-1908) hatten. Und in einem Beitrag in der *Nassauischen Neuen Presse* vom 16.10.2014 („Nach 60 Jahren gab es die Abi-Arbeiten) ist von Wilhelm Philippar zu lesen, dass er an der

Tilemannschule, benannt nach dem Stadtschreiber Tileman Elhen von Wolfhagen aus dem 14. Jahrhundert, dem Limburger Gymnasium 1955 sein Abitur gemacht habe und später als Lehrer an seine Schule zurückgekehrt sei. Und schließlich wird eine Anna Clara Philibar (1740-1788), Tochter von Philipp Heinrich Philibar, in Obernhof geboren, als Vorfahrin in der Genealogie der Familie Bruchhäuser (Brookhouser) in Iowa/USA aufgeführt.

Laurenburg

Auf unserer *Lahnreise im* 21. Jahrhundert erreichen wir mit der Lahntalbahn von Obernhof aus zunächst den Bahnhof *Laurenburg*.
Dorf und *Burg Laurenburg* werden von Baedeker nicht erwähnt. Victor Gehler dagegen berichtete in seinem Lahn-Führer von 1927 Folgendes:
„D o r f und B u r g L a u r e n b u r g gewähren einen recht malerischen Anblick. Das jetzige D i r e k t i o n s g e b ä u d e der Bergwerksgesellschaft Stolberg-Westfalen mit seinem hübschen Garten ist eine Schöpfung der Fürsten von Schaumburg, die es Anfang des 19. Jahrhunderts als Lustschlößchen erbauten. Erzherzog Stephan räumte es seinen pensionierten Dienern als Wohnsitz ein. Etwas weiter talwärts liegen die A u f b e r e i t u n g s w e r k e für die in der Gegend gewonnenen Blei-, Zink- und Silbererze. (...) Die aufbereiteten Erze kommen nach Stolberg bei Aachen zur Verhüttung."

Die Burg Laurenburg, vermutlich von Graf Dudo (um 1060-um 1123) erbaut, wurde urkundlich erstmals 1093 erwähnt. Der Vater von Graf Dudo war Ruprecht von Laurenburg (um 1050-um 1110, Erzbischöflicher Mainzer Vogt in Siegen). Dudo von Laurenburg wird in der Stiftungsurkunde der Abtei Maria Laach an fünfter Stelle als *Comes de Lurenburch* aufgeführt. Er erhielt vom Bistum Worms das Gebiet um Nassau zu Lehen, wo er und seinen Söhne ab 1124 die Burg Nassau erbauten (s. dort) Auf der Laurenburg amtierten nassauische Burgmannen. Im Dreißig-jährigen Krieg wurde die Burg zerstört und seitdem besteht nur noch eine Ruine.

Zu Beginn des 18. Jahrhunderts wurde unterhalb der Burg das kleine *Schloss Laurenburg* für den Fürsten von Anhalt-Bernburg-Schaumburg-Hoyn als Sommersitz erbaut. Der dreiflügelige Bau mit zwei Geschossen beherbergte später auch die Berg-werksdirektion der Grube Holzappel (s. dort), einer Tochtergesellschaft des Unternehmens Stolberger Zink (ursprünglich Rheinisch-Nassauische Bergwerks- und Hütten AG). Das Schloss wurde 1859 an die „Holzappler Silber- und Bleibergwerksgesellschaft AG" verkauft.

Die Gebäude fallen auch einem Bahnfahrer von der Lahntalbahn aus auf – sie beherbergen heute die Diakonie-Pflegeheime Scheuern.

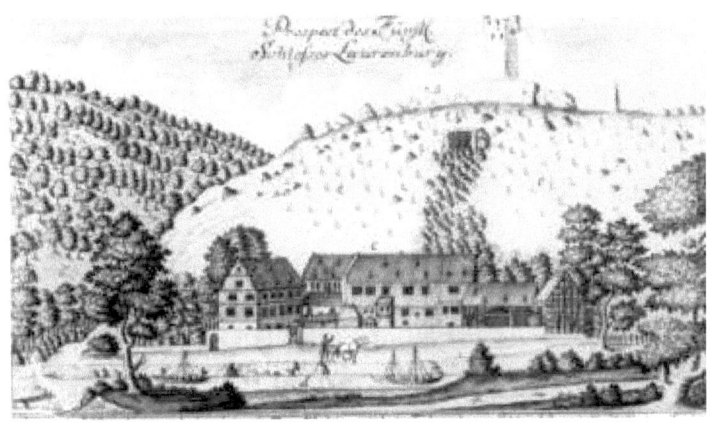

Kupferstich aus dem Jahr 1740

Wir verlassen nun den Ort *Laurenburg* und auch das Lahntal, um nach Holzappel zu gelangen, wohin Baedeker von Obernhof aus gelangte:

Holzappel

Baedeker:

Am Ende des Ortes [Obernhof] *theilt sich der Weg. Eine fahrbare Straße führt in Windungen den Berg hinan, während ein näherer Fußweg durch* Obstbaumpflanzungen, *mit Vermeidung der Windungen, rechts bergan steigt. Einzelne hübsche Aussichten in das Lahnthal öffnen sich noch, bald aber entschwindet dieses dem Auge und der Wanderer erreicht das Städtchen* **Holzappel** *(Gasth. bei Priester im Bären), 1 ½ St. von Obernhof, einst Eigenthum des im dreißigjährigen Kriege berühmten kaiserl. Generals P e t e r   v o n   H o l z a p f e l, auch M e l a n d e r genannt. Rechts im Grunde liegen bedeutende Blei-, Kupfer- und Silberbergwerke, die einen Reinertrag von 50,000 Fl. liefern und 700 Arbeiter beschäftigen. Sie gehörten früher dem 1812 ausgestorbenen Fürstenhause Anhalt-Schaumburg, gegenwärtig den Schwieger- und Enkelsöhnen des letzten Fürsten, dem Großherzog von Oldenburg, dem Erzherzog Stephan u.A.*

Der Ort wurde urkundlich erstmals 959 als *Astine* erwähnt. Im Mittelalter erlangte er – unter dem Namen *Esten* als Verwaltungs- und Gerichtssitz für die umliegenden Orte eine (erste) größere Bedeutung. Die Herrschaft *Esterau* (*Praedia Astine*) war ein kleine Grundherrschaft aus 12 Dörfern.

Der von Baedeker genannte Peter von Holzapfel war der bedeutende, zunächst protestantische Feldherr im Dreißigjährigen Krieg, *Peter Melander von Holzappel* (geb. in Niederhadamar 1589 als *Peter*

Eppelmann, gest. 1648 in Augsburg). Der Sohn eines wohlhabenden Bauern wuchs nach dem Tod des Vaters bei seinem kinderlosen Onkel Johann, Sekretär des Fürsten Moritz von Oranien, Graf von Nassau-Dillenburg, in den Niederlanden auf. Der Onkel hatte den Familiennamen Eppelmann in das griechische Wort *Melander* übersetzt. Die Familie von Johann Melander wurde 1606 in den ritterlichen Adelsstand erhoben und übernahm nun den Namen *von Holzappel* von dem ausgestorbenen Adelsgeschlecht Holzappel von Voitsburg-Selzberg (aus dem Raum Gießen). 1638 heiratete Peter Melander die Gräfin Agnes von Effern († 1656). Ihre Tochter Elisabeth Charlotte, später Gräfin von Holzappel-Schaumburg (1640-1707) heiratete den Fürsten Adolf von Nassau-Dillenburg (1629-1676, Begründer der kurzlebigen Linie Nassau-Schaumburg) – und über deren Tochter Ernestina Charlotte (1662-1732), die den Fürsten Moritz von Nassau Siegen heiratete, gehören zu Melanders Nachfahren u.a. Königin Beatrix der Niederlande sowie König Karl Gustav von Schweden.

Peter Melander begann seine militärische Laufbahn in der niederländischen Armee und erreichte über venezianische Dienste und ein schweizerisches Regiment den ersten Höhepunkt seiner Karriere 1633 als Generalleutnant und geheimer Kriegsrat des Landgrafen Wilhelm V. von Hessen-Kassel (1602-1637), der im Dreißigjährigen Krieg mit den Schweden verbündet war. Nach dem Tod des Landgrafen wechselte er die Seite und trat 1640 in die Dienste der kaiserlichen Armee, wo er bis zum Oberbefehlshaber der kaiserlich-bayerischen Truppen aufstieg.

Im Dreißigjährigen Krieg reich geworden, erwarb er 1643 vom Fürsten Johann Ludwig von Nassau-Hadamar, der offensichtlich erhebliche finanzielle Schwierigkeiten hatte, für 64.000 Taler die *Herrschaft Esterau*, kurz darauf zur *Freien Reichsunmittelbaren Grafschaft Holzappel* erhoben. Seine Frau Agnes konnte 1656 noch das Schloss Schaumburg (s. weiter unten) erwerben und zur Grafschaft Holzappel-Schaumburg vereinigen.

Zur Geschichte der Blei-, Kupfer- und Silberwerke
Im *Heimat- und Bergbau-Museum „Esterau"* im Rathaus von Holzappel ist in der Bergbauabteilung auch die Geschichte der „Grube Holzappel" von 1751 bis 1952 dargestellt.
Der sogenannte Holzappeler Gangzug verläuft von Holzappel über Dörnberg-Hütte bis an die Lahn in Obernhof. Der Hauptteil der Vererzung (neben dem Nebengestein aus Tonschiefer und Grauwacke) bestand aus Zinkblende (Zinksulfid) und silber-haltigem Bleiglanz (Bleisulfid) – mit 500 bis 700 g Silber je Tonne Bleiglanz. Das Verhältnis Zink- zu Bleierz variierte zwischen 3:1 bus 5:1.
Der älteste Fund aus dem frühen Bergbau in dieser Region – eine Wettertür im Heuwegerstollen im Gelbachtal – stammt aus dem Jahr 1535. Dass schon die Römer hier Erz abgebaut hätten, ist bisher nicht bewiesen worden.
Die Geschichte des Bergbaus erstreckt sich im Wesentlichen auf drei Phasen:
Vom 16. bis in die Mitte des 18. Jahrhunderts war die Herrschaft Holzappel bestimmend – sie wurde mit dem Abbaurecht an den dort vorkommenden Bodenschätzen belehnt – im 16. Jahrhundert wurde noch oberflächennah (in Pingen) abgebaut.
Von 1751 bis 1853 erfolgte der Bergbau und Betrieb unter herrschaftlicher Regie – mit dem bedeutendsten Stollenbau ab 1785.
Von 1853 bis zur Wirtschaftskrise 1930 war die Silber- und Bergwerksgesellschaft AG zu Holzappel Eigentümer der Bergwerks- und Hüttenanlagen. Nach kurzer Stilllegung wurden die Anlagen ab 1933 (nach der Machtergreifung der Nationalsozialisten) und nach dem Zweiten Weltkrieg ab 1947 bis 1952 wieder betrieben.

In der 200jährigen Betriebszeit seit 1751 lieferte die Grube Holzappel 216.720 Tonnen Bleiglanz, 754.700 Tonnen Zinkblende und 5.5 Tonnen Silberglanz und daraus 180 Tausend Tonnen Blei, 360 Tausend Tonnen Zink und 130 Tonnen Silber.
Oberhalb des Ortsteiles Dörnberg-Hütte erinnern noch heute Mauerreste an den ehemaligen Bergbau – und es besteht dort ein *Bergbaulehrpfad* mit Tafeln und Modellen.
 (Rudolf Scheid: 200 Jahre Erzbergbau in der Esterau – Die Grube Holappel. Förderverein „Heimatmuseum Esterau e.V.", Holzappel 2008; Wikipedia: Grube Holzappel)

Das *Goethehaus* am Markt von Holzappel war das ehemalige Wohnhaus des Betriebsführers. Goethe besuchte 1815 den damaligen Bergkommissar Schneider auf seiner Reise von Wiesbaden nach Nassau (s. dort). An seinen Sohn August schrieb er:
„23. Juli. Ueber Diez nach Holzappel. Wichtiger Bau auf Blei und Silber, sehr unterrichteter Bergkommissar, freundliche, belehrende Bewirtung. Modell des Verwerfens der Gänge. An der Lahn sehr beschwerliche, aber interessante Wege. In Nassau."

Das heutige Hotel-Restaurant „Altes Herrenhaus zum Bären" (Hauptstraße 15) wurde 1705 erbaut und ist noch in seiner ursprünglichen Form als Fachwerkhaus erhalten. Es wurde schon von Baedeker als *Gasth. bei Priester im Bären* empfohlen und ist wahrscheinlich das Wohnhaus *Melanders* gewesen.

Geilnau

Baedeker – an Holzappel anschließen, schrieb:
Der Fußwanderer kann Dietz auf dem geraden Wege in 2 St. erreichen. Ein weit schönerer Weg (3 St.9 führt aber bei Holzappel rechts hinab wieder in das Lahnthal nach **Geilnau***, bekannt durch den jenseits des Dorfes gelegenen Mineralbrunnen, dessen Wasser nur ausgeführt, von Kurgästen an Ort und Stelle aber nicht getrunken wird;...*

Geilnau bei Diez an der Lahn erlebte seine Blütezeit in den 1830er Jahren. 1572 wurde am Ort erstmals eine Kapelle mit eigenen Weinbergen erwähnt. 1790 ließ Fürst Ludwig von Anhalt-(Bernburg)-Schaumburg, Graf zu Holzappel, den Mineralbrunnen, eine im Dreißigjährigen Krieg von der Bevölkerung verschüttete Quelle, neu fassen. Ab 1806 gehörte Geilnau zum Herzogtum Nassau, das 1866 durch Preußen annektiert wurde. 1885 zählte Geilnau 297 Einwohner – als Ort im Kreis Unterlahn des preußischen Regierungsbezirks Wiesbaden.

Bis 1894 wurde *Geilnauer Sauerwasser* in großen Mengen verkauft – bis zu 60.000 Krüge wurden jährlich versandt. Danach wurde der Brunnen nur noch von Landleuten als tägliches Getränk genutzt. Die Brunnenanlage befindet sich gegenüber eines ehemaligen Waldeckschen Jagdschlösschens.
(Aus: G. Schwedt, *C. Remigius Fresenius und seine Mineralwasseranalysen. An den Quellen in und am Taunus*, Aachen 2013)
Auf der offiziellen Homepage der Gemeinde Geilnau an der Lahn ist zur Geschichte des Mineralbrunnens u.a. zu lesen, dass der „heute nur wenig bekannte Geilnauer Mineralbrunnen", der im 18. und 19. Jahrhundert Weltruf gehabt habe, im Dreißigjährigen Krieg verschüttet worden sei, „um sich vor lästigen Einquartierung zu bewahren. Die Soldaten blieben nämlich gern länger an solchen Heilorten, um ihre Kranken und Verwundeten zu pflegen."
Weiter heißt es zur Geschichte: „Im Jahre 1780 wurden an der verschütteten Mineralquelle zu Geilnau neue Nachgrabungen angestellt. Carl Ludwig, Fürst zu Anhalt-Brandenburg-Schaumburg [richtig: Anhalt-Bernburg-Schaumburg] und Herr der Grafschaft Holzappel, ließ Schächte abteufen. Man fand auch wirklich 20 Fuß unter dem Lahnbett eine alte Fassung und mehrere aus Schiefer hervorbrechende Quellen.
Zuerst hatte der Obermedizinalrat Amburger zu Offenbach im Frankfurter Medizinischen Wochenblatt vom Jahre 1784 aufgrund einer vom Jahre 1762 ausgeführten Untersuchung auf den medizinischen Wert des Geilnauer Wassers hingewiesen. Auf seine Anregung ließ Fürst Carl Ludwig 1790 den Brunnen neu in Blei fassen, aus dem 2 Röhren weiter nach oben führen. Das ganze Areal wurde durch eine Umfassungsmauer gegen das Lahnwasser geschützt. 1797 wurde oberhalb des Brunnens ein kleines Jagdschloss erbaut…"
Johann *Andreas* August Amburger (Idstein 1750-1809) erhielt 1771 ein Privileg zur Einrichtung einer Apotheke in Offenbach. 1776

erwarb er an der Universität Gießen mit einer Arbeit über Ätzkalk den Doktorgrad. 1803 erhielt er den Titel eines Hofrates und 1804 wurde er zum Fürstlich Isenburgischen Hofapotheker ernannt. Amburger untersuchte mehrere Mineralwässer, u.a. das Schwefelwasser bei Weilbach und das Sauerwasser bei Oberlahnstein (1786 und berichtete über „Versuche und Beobachtungen mit dem Sauerwasser zu Geilnau an der Lahn" (Offenbach 1795) – in einer Schrift, die mehrere Nachdrucke erlebte.

Als C. Remigius Fresenius (1818-1897), Gründer des Instituts Fresenius in Wiesbaden, am 4. und 6. April 1857 die *Mineralquelle zu Geilnau* untersuchte, schrieb er darüber 1858 u.a. (s. in G. Schwedt):

„Die Geilnauer Mineralquelle, zur Standesherrschaft **Schaumburg** gehörig und gegenwärtig im Besitze Seiner K. K. Hoheit Erzherzog **Stephan von Oesterreich**, liegt etwas oberhalb des Dorfes Geilnau in einer der schönsten Gegenden des Lahnthales. Das Gestein, aus welchem sie entspringt, ist der dort weit verbreitete Thon- und Grauwackenschiefer.

[Erzherzog Stefan Franz Victor von Österreich (1817-1867) war 1843 Zivilgouverneur von Böhmen, wurde nach dem Tod seines Vaters 1847 stellvertretender Palatin von Ungarn und trat nach den Märzereignissen 1848 von seinen Ämtern zurück. 1850 zog er auf seine Besitzungen in Nassau (Grafschaft Holzappel-Schaumburg) und wohnte im Schloss Schaumburg südlich von Balduinstein – s. weiter unten.]

Die Quelle kommt in einer großen, runden, vermauerten Vertiefung zu Tage, welche 11 Meter Durchmesser und 9 Meter Tiefe hat. Dieselbe liegt unmittelbar an der Lahn und ihre der letzteren zugekehrte Mauer ist nur wenige Schritte von dem Flusse entfernt.

Schon der Hauptboden dieser Rotunde liegt etwas tiefer als der Lahnspiegel; um aber zur Quelle zu gelangen, muß man nochmals einige Stufen in eine weitere kleinere Vertiefung hinabsteigen, deren Boden etwa 2 Meter liegt, als der Boden der großen Rotunde.

In dieser kleinen Vertiefung erhebt sich ein schöner, aus Sandstein gehauener Brunnen, aus welchem der Strahl des Wassers sich unausgesetzt in ein kleines Steinbassin ergießt. Das Abflußrohr des Brunnens liegt ungefähr 1 ½ Mater unter dem Lahnspiegel."

Balduinstein

Von Geilnau aus wanderte Baedeker nach Balduinstein und schrieb:
...dann eine Strecke durch das stille von bewaldeten Höhen eng eingeschlossene Thal der Lahn, über die man bei **Balduinstein** *setzt. Hinter dem Dorfe erheben sich auf Thonschieferfelsen die großartigen Trümmer das Schlosse gleichen Namens, 1319 von Erzbischof* **B a l d u i n** *von Trier erbaut, in einer engen Thalschlucht. Sie gewähren, besonders von der Höhe gesehen, einen überraschenden Anblick...*

Ausschnitt aus dem Stahlstich von L. Thümling 1850

Der Erzbischof *Balduin* von Trier oder von Luxemburg (Luxemburg um 1285-1354 Trier) begann im Jahre 1319 mit dem Bau der Burg unterhalb der Schaumburg (s. im folgenden Abschnitt). Auch der Ortsname geht auf ihn zurück. Er war von 1307 bis 1354 Erzbischof und Kurfürst von Trier, 1328 bis 1336 Administrator des Erzbistums Mainz und 1331 bis 1337 auch Administrator der Bistümer Worms und Speyer. Balduin war einer der einflussreichsten (und unternehmendsten) Reichfürsten in der ersten Hälfte des 14. Jahrhunderts.

Der nach ihm benannte Ort *Balduinstein* erhielt bereits 1321 von Ludwig dem Bayern (ab 1314 römisch-deutscher König, ab 1328 Kaiser im Heiligen Römischen Reich) die Stadtrechte. 1335, nachdem Balduin die Siedlung zum Amt erhoben hatte, übergab er Balduinstein dem Ritter Dietrich von Staffel. Eine Stadtmauer wurde 1429 erbaut. In der Mitte des 17. Jahrhunderts begann der Verfall der Burg, die noch im 14. und 15. Jahrhundert ausgebaut worden war. 1665 erteilte der Kurfürst von Trier eine Abbruchgenehmigung, 1680 standen nur noch die Mauern.

In Balduinstein begann 1660 der Abbau von Brauneisenstein und später auch die Gewinnung von *Lahnmarmor* – der Eisenerzabbau wurde bereits 1875, der Marmorabbau 1927 beendet,

Im „Führer durch das Lahntal" von Victor Gehler erfahren wir einige weitere Details zur Burg Balduinstein:

„Am oberen Ende des D o r f e s B a l d u i n s t e i n ragen auf einem senkrecht abfallenden, teilweise sogar überhängenden Felsklotz die Trümmer einer **Burg** empor, die dem streitbaren Erzbischof B a l d u i n v o n T r i e r, dem Bruder des Kaisers Heinrich VII. [1275-1313 – aus dem Hause Limburg-Luxemburg], ihre Entstehung verdankt. Die Trierer Kirchenfürsten waren von jeher bemüht, ihren Besitz, wie an der Mosel und auf dem Westerwald, so auch im Lahntal zu mehren. Von diesem Bestreben ließ sich besonders

E r z b i s c h o f B a l d u i n leiten. In der Geschichte des Lahntales spielt er eine hervorragende Rolle. Er eroberte in Fehden mit dem rauflustigen Grafen von Westerburg die Burg Schadeck und das befestigte Villmar; auch zerstörte er die Burg Elkershausen östlich von Gräveneck. Im Kampf mit den Westerburgern auf Schaumburg errichtete er 1319, um ihnen den Zugang zur Lahn abzu-schneiden, die B u r g B a l d u i n s t e i n. Zwei Jahre später bewog er den Kaiser Ludwig den Bayern, dem unterhalb der Burg liegenden armseligen Fischerdorf Stadtrechte zu verleihen. Aus jener Zeit stammen die noch vorhandenen Befestigungs-werke des Ortes, ein Mauerturm und Reste einer am oberen Ende des Dorfes quer durch das enge Tal gelegten Mauer. Die Burg war 1595 noch in bewohnbarem Zustand. Sie bietet eine Menge malerischer Motive."

Mit den *Westerburgern* ist die *Herrschaft Westerburg* gemeint, ein kleines Gebiet um die heutige Stadt Westerburg im Westerwald, erstmals 1209 urkundlich erwähnt. Die Herren von Westerburg gehen auf das Haus *Runkel* zurück – mit dem Hauptsitz auf der Burg Runkel an der Lahn.

Schloss Schaumburg

Und mit diesen Informationen gelangen wir nun auch zum Schloss Schaumburg (nach *Schauenburg* – nicht zu verwechseln mit der Schaumburg an der Weser und der ehemaligen Grafschaft Schaumburg in Niedersachsen).

Baedeker schrieb nach seinem Text über *Balduinstein*:

... Rechts sieht man nun bald auf einer bewaldeten Basaltkuppe das wohlerhaltene Schloß **Schaumburg***, einst Sitz der Fürsten, nunmehr dem Erzherzog S t e p h a n gehörig...* -

Und damit endet auch schon der Text.

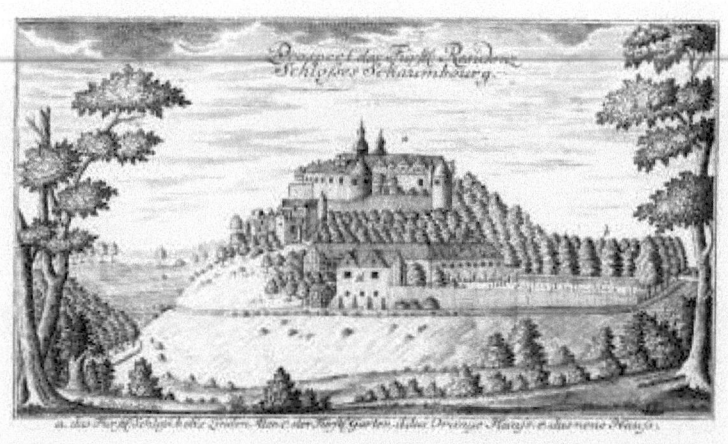

Kupferstich von Brühl in Leipzig 1757

Schloss Schaumburg nach den Umbauten im 19. Jahrhundert

Die Schaumburg wurde urkundlich erstmals 1197 genannt – als Zentrum der gleichnamigen Herrschaft. In seinem „Führer durch das Lahntal" schildert Victor Gehler die infolge von Erbteilungen komplizierte Geschichte wie folgt:

„Zu den Glanzpunkten des unteren Lahntales gehört das herrliche **Schloß Schaumburg**, das auf einem waldumkränzten, die Lahn 175 m überrragenden Basaltkegel thront. Früher stand eine Burg auf der Höhe, die schon 915 in einer Urkunde Konrads I. erwähnt wird. Später erwarben sie die Grafen von I s e n b u r g. Im Jahre 1266 schenkte sie Graf Gerlach von Isenburg, Stiftsvogt von Limburg, dem Kölner Erubischof Siegfried von W e s t e r b u r g, dessen Geschlecht bis 1656 in ihrem Besitz blieb. In diesem Jahr kaufte die Gräfin A g n e s   v o n   H o l z a p p e l, die Witwe des kaiserlichen Feldmarschalls Peter Melander von Holzappel, die Grafschaft Schaumburg für 70 000 Taler. Ihre Tochter E l i s a b e t h   C h a r - l o t t e vermählte sich mit A d o l f   v o n   N a s s a u – D i l l e n - b u r g. Deren Tochter heiratete den Fürsten Lebrecht von A n h a l t – B e r n b u r g. Seitdem nennt sich dieses Fürstengeschlecht A n h a l t

- B e r n b u r g – S c h a u m b u r g. Der letzte männliche Sproß dieses Hauses war mit Amalie von Nassau-Weilburg vermählt. Ihre älteste Tochter H e r m i n e, der die Grafschaft als Erbe zufiel, wurde die Gemahlin des E r z h e r z o g s J o s e p h v o n O e s t e r r e i c h, des Palatins von Ungarn, eines Bruders des Kaisers Franz I. Die junge und schöne Erzherzogin hielt voller Hoffnung auf eine glückliche Zukunft ihren Einzug in die stolze magyarische Königsburg zu Budapest. Ihr Eheglück war jedoch nur von kurzer Dauer. Sie starb 1817 bei der Geburt eines Zwillingspaares. Ihr Sohn, **Erzherzog Stephan**, wurde 1847 nach dem Tode seines Vaters S t a t t h a l t e r v o n U n g a r n. Im Revolutionsjahr 1848 unterstützte er die freiheitlichen Bestrebungen der Kossuthschen Partei und kam daher in den Verdacht, ein Gegner der kaiserlichen Regierung zu sein. Um ihn unschädlich zu machen, forderte ihn der Wiener Hof auf, binnen kurzer Zeit die Monarchie zu verlassen und sich zu dem von seiner Mutter ererbten Schloß Schaumburg zu begeben. Fast 20 Jahre verbrachte er hier in stiller Zurückgezogenheit, fern vom politischen Getriebe.

Der kunstsinnige F ü r s t ließ in S c h a u m b u r g bedeutende Veränderungen vornehmen. Nach seinen Plänen wurde das n e u e S c h l o ß errichtet, das mit seinen gewaltigen Basaltmauern und seinen hochragenden Zinnen und Türmen die Landschaft weithin beherrscht. Am H a u p t t u r m ist ein Standbild Melanders angebracht; von seinem Mastkorb hat man eine g r o ß a r t i g e R u n d s i c h t. Dann folgte die Erneuerung der Fassade des Mittelbaues, die Anlegung des Bärenzwingers, der Gewächshäuser, des französischen Gartens, der Straße nach Balduinstein, der großen Bibliothek und der wertvollen Mineraliensammlung. Der E r z h e r z o g war in der ganzen Umgegend wegen seiner vornehmen Gesinnung und seiner natürlichen, ungezwungenen Liebenswürdigkeit allgemein beliebt. Er starb 1867 in Mentone am Mittelmeer an einem

Lungenleiden. Zum Erben der Grafschaften Schaumburg und Holzappel hatte er seinen Neffen Georg von O l d e n b u r g eingesetzt; nach zwanzigjährigem Erbschaftsprozeß wurden sie jedoch dem Hause W a l d e c k zugesprochen."

Als Ergänzung ist nachzutragen:
Von 1850 bis 1855 wurde die Schaumburg aufwändig im neugotischen Stil umgebaut. 1888 wurde das Schloß Georg Viktor zu Waldeck-Pyrmont (1831-1893) zugesprochen. 1983 verkaufte es Wittekind zu Waldeck und Pyrmont (*1936). Nach weiteren Verkäufen gelangte es 2012 in den Besitz eines türkischen Investors.

Von Balduinstein reiste Baedeker weiter in Richtung auf Diez:
*... Der angenehmste Weg führt über **Hausen** nach **Fachingen**, wo man ein ausgezeichnetes Mineralwasser an der Quelle genießen kann. Besser ist der Weg über **Birlenbach**, wo sich in der Ferne Limburg mit seinem Dom, und zu den Füßen des Beschauers das saubere Städtchen **Dietz** (Gasth. Adler) zeigt.*

Fachingen

Der Ortsteil *Hausen* von Balduinstein wurde erstmals 1446 erwähnt. *Birlenbach* wurde zusammen mit *Fachingen* 1255 als *Berlenbach* und *Vachungen* genannt. In der Nähe der Braunstein (Mangan)- und Eisenerzvorkommen fand man Gräber aus der Hallstattzeit um 800 bis 500 v. Chr. (der späten Eisenzeit), weshalb ein Erzabbau schon aus dieser Zeit vermutet wird. Fachingen und Birlenbach bilden heute die Ortsgemeinde Birlenbach.
Schon Victor Gehler erwähnte 1927 – „In fünf Minuten bringt uns die Bahn von Diez nach den weltberühmten Mineralbrunnen **Fachingen**." – und so auch heute, aber in nur noch 3 Minuten.

1857 untersuchte C. Remigius Fresenius auch diese Mineralquelle und schrieb darüber (1861):
„Die Mineralquelle zu Fachingen liegt bei dem Dorfe gleichen Namen und zwar unmittelbar am linken Ufer der Lahn, eine halbe Stunde unterhalb Diez, noch innerhalb der Schaalsteinformation, welche hier wie eine Halbinsel in die Grauwacke hineinragt. Um zu der Quelle zu gelangen, steigt man in eine große, weite Rotunde hinab, welche aus starkem Mauerwerk bestehend die Quelle gegen das Eindringen des Lahnwassers schützt, sofern dies nicht einen ungewöhnlich hohen Stand erreicht. Inmitten dieser Rotunde befinden sich 2 Brunnenschächte, von denen der der Lahn zunächst liegende die eigentliche Quelle enthält, der andere, welchen bei der Fassung die schwächer erscheinenden Quellenausflüsse zusammengeleitet wurden, liefert ein etwas schwächeres, aber ganz ähnliches Mineralwasser, welches jedoch keine Verwendung findet. ..."

1740 entdeckt – vermutlich durch den Diezer Justizrat und Chirurgen Bender (www.fachingen.de/geschichte.aspx) wurde die Heilwasserquelle ab 1746 genutzt, als man mit dem Wasserversand in Krügen begann. 1765 pachtete der Diezer Kaufmann Kasimir Herborn die Quelle, 1791 folgte der Kaufmann August Theodor Pilgrim als Pächter. Er führte sie unter dem Namen *Fachinger Brunnen*, ließ ein neues Magazin errichten und die Krüge mit dem Nassauischen Löwen und der Aufschrift *Oranien-Nassau Fachingen P.* versehen. nach Ablauf der Pacht 1811 wurde der Fachinger Brunnen zusammen mit dem Brunnen aus Niederselters unter staatlicher Verwaltung durch das herzoglich-nassauische Brunnencomptoir betrieben. Der Höhepunkt des Versandes wurde 1834 und 1835 mit 400 Tausend Krügen pro Jahr erreicht. Bis zum Ende des Deutschen Krieges 1866 wurde das Wasser in dickwandigen, schwach glasierten Westerwälder Steinkrügen versandt.

1870, nachdem die Brunnen an Preußen gegangen waren, wurde die Glasflasche eingeführt und 1894 pachtete der Dresdener Fabrikant Friedrich Siemens (1826-1904) die Quelle als *Mineralbrunnen Siemens & Co.*; seine Erben führten das Unternehmen unter dem Namen *Staatlich Mineralbrunnen Siemens Erben oHG* noch bis 1990.

Auch Goethe trank Mineralwasser aus *Fachingen*

DIEZ

Kupferstich aus der Topographia Hassiae von Matthäus Merian 1655

Von Fachingen aus erreichte Baedeker ...*das saubere Städtchen* **Dietz** *(...). Es liegt höchst malerisch an der Lahn und an einem Berge, von dem Schlosse des alten Grafen, jetzt als Zuchthaus benutzt, überragt. Die Marmorschleiferei, welche von den Züchtlingen betrieben wird, ist sehenswerth.*

Im Folgenden gehen wir ausführlicher auf die Geschichte der Stadt ein, die auch in den beiden genannten Lahnführer von 1866 (August Spieß) bzw. 1927 (Victor Gehler) ausführlich beschrieben wurde – aus Baedekers kurzem Text werden insbesondere die Stichworte *Schloss des alten Grafen* und *Marmorschleiferei* zur Zeit von 1849 näher erläutert.

Als Siedlung *Theodissa* wird Diez schon 790 in einer Urkunde Karls des Großen als Besitztum der Abtei Prüm genannt. Grafen von Diez wurden 1073 in einer Verkaufsurkunde von Gütern in Bodenheim (südlich von Mainz) erwähnt und Heinrich II. von Diez (1145-1189) begleitete Friedrich Barbarossa auf dessen Italienzügen. 1289 gründete Graf Gerhard IV. (1276-1306) ein Kollegiatsstift am Fuße des Burgbergs. 1329 erhielt Diez durch Ludwig den Bayern das Stadtrecht – die Stadt erhielt eine Befestigung mit Mauer und fünf Toren. 1386 erlosch die Dynastie der Grafen von Diez. Später wurde die Stadt Stammsitz der Grafen von Nassau-Diez.

Einen geschichtlichen Überblick über Diez im Besitze verschiedenen Grafengeschlechter vermittelte Victor Gehler:

„… Die D i e z e r G r a f e n waren treue Anhänger der deutschen Kaiser, besonders der Staufer, denen sie auf ihren Römer- und Kreuzzügen Gefolgschaft leisteten. Ueber 100 adelige Herren erkannten sie als ihre Lehnsherren an. Der prachtliebende Gerhard IV. erbaute 1289 am Fuß seiner Burg die M a r i e n k i r c h e und verband damit ein Kollegiatstift. Daneben entstanden Stiftshäuser, zahlreiche Adelige errichteten sich auch um das Grafenschloß ihre Burgsitze. So wurde der Grund zur Stadt gelegt. (…)

1388 starb das Diezer Grafengeschlecht aus. Diez kam an Nassau-Dillenburg Beim Tode des Grafen Johann VI. von Nassau-Dillenburg teilten sich seine fünf Söhne in seine Besitzungen. So entstanden 1607 fünf neue Linien: Nassau-Dillenburg, Nassau-Siegen, Nassau-Beilstein, Nassau-Hadamar und Nassau-Diez. Die ersten vier Linien starben im Laufe des 17. und 18. Jahrhunderts aus und wurden von der Linie Nassau-Diez beerbt, deren Gründer Graf E r n s t C a s i m i r [1573-1632] war. Die Dillenburger Grafen hatten große Besitzungen in den Niederlanden, auch gehörte ihnen das Fürstentum O r a n g e in Südfrankreich, wonach sich seit Wilhelm I. dem Schweiger [1533-1584] O r a n i e r nannten. Sie erwarben erst die

Statthalterschaft über die holländischen Provinzen Friesland, Groningen und Drenthe, später wurden sie Erbstatthalter der gesamten Niederlande. Diese führten im 16. und 17. Jahrhundert einen achtzigjährigen Freiheitskampf gegen die spanische Gewaltherrschaft. (...) Was die Väter begonnen hatten setzten ihre Söhne fort. Die Regentschaft über die Grafschaft (seit 1652 Fürstentum) Nassau-Diez überließen ihrer Mutter S o p h i e H e d w i g. Dies geschah noch zwei Generationen hindurch, und so haben wir das merkwürdige Schauspiel, daß ein Staat an die hundert Jahre, 1632-1724, von d r e i F r a u e n, die allerdings tüchtige Amtmänner unterstützten, regiert wurde.

Sophie Hedwig von Nassau-Diez (1592-1642),
geb. von Braunschweig-Wolfenbüttel

Auch die letzten Fürsten aus dem Hause Nassau-Diez (seit 1742 N a s s a u – O r a n i e n) sind von ihren Stammlanden meist fer geblieben. Mit W i l h e l m VI. [1772-1843] geh die Herrschaft der

Oranier in Nassau zu Ende. Er weigert sich mannhaft, dem Rheinbund beizutreten und wird deshalb 1806 von Napoleon I. abgesetzt. Sein Fürstentum Nassau-Oranien wird größtenteils dem von Napoleon gegründeten Großherzogtum Berg einver-leibt. Nach dem Sturze des Korsen wird Wilhelm auf dem Wiener Kongreß 1815 zum K ö n i g d e r N i e d e r l a n d e (Holland und Belgien) ernannt. N a s s a u - O r a n i e n wird mit dem Herzogtum Nassau vereinigt."

Das *Grafenschloss Diez* – Ausschnitt aus dem Merianstich

Das Grafenschloss

Victor Gehler beschrieb es wie folgt:

„Das Wahrzeichen der Stadt ist sein altes G r a f e n s c h l o s s, dessen einzelne Teil verschiedenen Jahrhunderten angehören. Der älteste Bau ist der um 1070 entstandene riesige viereckige Bergfried, dessen steiles Dach mit vier Ecktürmchen versehen ist. Die jüngeren Gebäude entstanden großenteils 1784, als das Schloß in ein Zuchthaus umgewandelt wurde. Schon 1742 war die Regierung von Diez nach Dillenburg verlegt worden."

Die Burg – Grafenschloss genannt – befindet sich auf einem Porphyrfelsen unmittelbar über der Altstadt – oberhalb der Mündung der Aar in die Lahn, an einer Furt, die von mehreren Straßen im Hochmittelalter benutzt wurde. Ausbauphasen gab es ab der zweiten Hälfte des 11. Jahrhunderts und ab dem 16. Jahrhundert durch die Grafen von Nassau-Dillenburg erfolgte die Umgestaltung zu einem Fürstenschloss der Früh-Renaissance, wozu vor allem niederländische Handwerker verpflichtet wurden. Ab 1606 war hier der Sitz der Grafen von Nassau-Diez bzw. Nassau-Oranien – und bis zum Bau des Schlosses *Oranienstein* (s.u.) Witwensitz der Gräfinnen Sophie Hedwig und Albertine Agnes von Nassau-Oranien (1634-1696).
Danach war es nur noch Amtsgebäude und 1778/1779 wurde es nach Plänen des Bauinspektors Johann Friedrich Sckell (ab 1773 Nassau-Oranischer Hofgärtner und Bauinspektor/Baudirektor im Fürstentum Dillenburg und der Herrschaft Beilstein).zum Gefängnis umgebaut (1806 erweitert, bis 1928). In dieser Gefangenenanstalt wurden verschiedene Handwerke ausgeübt – am bedeutendsten war die Verarbeitung der *Lahnmarmore* (s. auch unter Villmar).
Seit 2006 wird die Burg als Jugendgästehaus des Deutschen Jugendherbergswerkes genutzt.

Lahnmarmor
In Villmar (s.u.) befindet sich das *Lahn-Marmor-Museum* – seit 2016 in einem neuen Gebäude, seit 2004 am Brunnenplatz in Vilmar, nun Oberau 4 (Geo-Informationszentrum im Geopark Westerwald-Lahn-Taunus).

Als *Lahnmarmor* werden polierbare Kalksteine bezeichnet, die aus dem Mitteldevon im Südosten des Rheinischen Schiefergebirges stammen. Zentren der Gewinnung waren Balduinstein, Diez, Villmar und Schupbach. Diese spezielle Naturstein wurde schon im 16. Jahrhundert abgebaut.

Auch wenn die Bezeichnung *Marmor* gesteinskundlich (petrographisch) nicht korrekt ist, da dieses Carbonatgestein sich um Sedimentgestein und nicht um ein metamorphes (durch Umwandlung unter Druck und Temperatur) Gestein handelt, hat er die Struktur und das Aussehen von Marmor. Es handelt sich um 380 Millionen Jahre alte biogene Sedimentgesteine – meist um Massenkalke, die aus den Resten riffbildender Organismen entstanden sind (u.a. aus Schwämmen, *Stromatoporen*, ausgestorbene Gruppe kolonienbildender Meerestiere, und auch aus Meeresschnecken und Korallen). Auch Cyanobaketrien haben an der charakteristischen Textur mitgewirkt

Aus vier Jahrhunderten sind über 100 Gewinnungsstellen bekannt. Berühmte Orte bzw. Gebäude, in denen Lahnmarmor nachweisbar ist, sind u.a. der Wormser Dom (schwarzer Lahnmarmor aus Balduinstein für den Epitaph des Domdekans Franz Carl Friedrich von Hohenfeld), die Kapelle der Würzburger Kathedrale (acht Pfeiler aus einem Steinbruch aus der Nähe von Katzenelnbogen), der Sockel des Gutenberg-Denkmals in Mainz, Säulen aus rotem Lahnmarmor im Berliner Dom – und nicht zuletzt die Marmorbrücke in Villmar und in der Ausstattung des Weilburger Schlosses sowie an Prachtbauten in Wiesbaden. Im Jahre 1970 wurde der Abbau von Lahnmarmor eingestellt.

Schloss Oranienburg

Im Anschluss an den Text zu Diez ist bei Baedeker zu lesen:
In der Nähe von Dietz ist das 1676 erbaute und zu Zeiten vom Herzog von Nassau noch bewohnte Schloß **Oranienstein**. *Es enthält nichts Merkwürdiges. Ein Zimmer ist mit einer Anzahl weiblicher Bildnisse aus dem Zeitalter Ludwigs XIV. verziert. Im Anfang dieses Jahrh. wohnte mehrere Jahre lang Fürst W i l h e l m V. von Oranien-Nassau, der vertriebene Statthalter der Republik Holland, der Großvater des jetzigen Königs der Niederlande darin.*

Postkarte Schloss Oranienburg (Ausschnitt)

Auf den Ruinen des ehemaligen Beneditkinerinnenklosters Dierstein entstand zwischen 1672 und 1681 das Schloss Oranienstein als Witwensitz für die Diezer Gräfin Albertine Agnes von Oranien-Nassau (Den Haag 1634-1696 Leeuwarden). 1704 bis 1709 wurde es unter Henriette Amalie von Anhalt-Dessau (1666-1726), durch Heirat Fürstin von Nassau-Diez, umgebaut. Es entstand ein Barockschloss mit einem fünfflügeligen Baukörper. 1743 verlor das Schloss seine Bedeutung infolge der Verlegung der Residenz nach Dillenburg.
Erst 1801 wurde es von Wilhelm V. von Oranien wieder genutzt (s.o.). Nach dem Deutschen Krieg (zwischen dem Deutschen Bund unter Führung Österreichs und Preußen) 1866, bei dem Nassau auf

Seiten des Verlierers Österreich stand, fiel es an Preußen, das im Schloss eine Kadettenanstalt einrichtete – nachdem der Plan einer Provinzial-Irrenanstalt am Protest des Niederländischen Königshauses gescheitert war.

Nach dem Ersten Weltkrieg wurde die Kadettenanstalt aufgelöst und das Schloss von französischen Truppen besetzt. 1929, anlässlich des 600-jährigen Bestehens der Stadt Diez, wurde es renoviert und freigegeben. Es beherbergte nun das Nassauische Heimatmuseum; von 1934 bis 1945 wurde es als National-politische Erziehungsanstalt genutzt.

Und heute beheimatet es, an die Tradition der Kadettenanstalt anknüpfend, das Kommando Regionale Sanitätsärztliche Unterstützung (zuvor Sanitätskommando II der Bundeswehr).

Schloss Oranienstein ist eines der vier „Mutterhäuser" des niederländischen Königshauses – neben Schloss Oranienburg in Brandenburg, Schloss Oranienbaum bei Dessau und dem nicht mehr existierenden Schloss Oranienhof bei Bad Kreuznach.

Über die Glanzzeit des Schlosses schrieb Victor Gehler u.a. – als Anregung zu einem Ausflug von Diez:

„1. **Schloß Oranienstein.** In 25 Min. gelangt man entweder durch den Hain oder an der Lahn entlang und am Hofhaus vorüber zum **Schloß Oranienstein.** Ursprünglich stand das Kloster Di(e)rstein an seiner Stelle, das 1634 von den Franzosen ausgeplündert und von den Schweden eingeäschert wurde.

Klosterruine Dierstein nach der Zerstörung im Dreißigjährigen Kreig – Zeichnung aus dem 17. Jahrhundert

Die Fürstin Albertine ließ 1676 die Klosterruine abbrechen und ein prächtiges Schloß auf dem Lahnfelsen bauen, das unter ihrer Nachfolgerin, der Fürstin Amalie, ausgebaut und im Innern prunkvoll ausgestattet wurde. Als seine größte Sehenswürdigkeit galt das Schlafgemach der Fürstin, dessen mit blauem Plüsch ausgeschlagene Wände sechzehn lebensgroße Familienbilder in schweren Goldrahmen schmückten, während über dem Marmorkamin und den Türen allegorische Figuren eingelassen waren..."
(Damit wäre vielleicht auch Baedekers Anmerkung über das *Zimmer (...) mit einer Anzahl weiblicher Bildnisse aus dem Zeitalter Ludwigs XIV.* erklärt.)

„Die **Glanzzeit des Schlosses** waren die Jahre 1801 bis 1806, als Fürst Wilhelm V. in Oranienstein residierte. Die prunkvolle Einrichtung wurde noch vervollständigt, die Gemäldesammlung vermehrt, die Silberkammer mit den wertvollsten Stücken gefüllt, worunter sich das berühmte, 1768 von der Stadt Amsterdam den Oraniern geschenkte goldene und mit Edelsteinen besetzte Tafelgeschirr befand. Am Ufer der Lahn wurde ein Yachthaus errichtet, die Orangerie mit ausländischen Gewächsen versehen, Schloß und Tiergarten verschönert. Zahlreiche Fürstlichkeiten kamen zu Besuch, eine fast ununterbrochene Reihe von Festlichkeiten fand am Hofe, großartige Volksfeste auf dem Schloßplatz, auf den Auller Wiesen, in Fachingen und bei Burg Ardeck statt, feierliche Huldigungszüge kamen aus der Grafschaft nach Oranienstein. Es herrschte allenthalben Freude und Zufriedenheit im Lande, und wohl selten hat ein Fürst die Zuneigung und Dankbarkeit seines Volkes sich so zu erwerben verstanden, wie der leutselige Fürst Wilhelm V. All dieser Herrlichkeit wurde im Jahre 1806 ein jähes Ende bereitet, als der Fürst in Braunschweig, wohin er sich zum Besuche seines Schwiegersohne begeben hatte, plötzlich verschied. Sein Sohn Wilhelm VI. wurde wegen seiner Weigerung, dem Rheinbund beizutreten, durch ein Machtwort Napoleons seines Landes für verlustig erklärt, die kostbare Ausstattung von Schloß Oranienstein kam unter den Hammer. Unter den Herzögen Wilhelm und Adolf diente es als Jagdschloß…"

LIMBURG

Merianstich aus der Topographia Hassiae 1655

Baedeker schrieb:

***Limburg** an der Lahn (...) ist eine Stunde von Dietz entfernt. Der Weg führt durch eine fruchtbare Ebene in einer lieblich hügeligen wohlangebauten Gegend, an zwei Basaltkuppen, dem S c h a a f s - und dem S t e p h a n s b e r g vorbei. Weit über der Stadt ragt auf einem Felsenvorsprunge der Dom hervor, um die Mitte des 10. Jahrh. von dem Salier K o n r a d K u r z b o l d, dem mächtigen Grafen im Niederlahngau, dessen B u r g der Dom begränzt, erbaut – das großartigste und herrlichste Denkmal alter Baukunst, welches das Herzogthum Nassau besitzt, die Cathedrale des Bischofs. Die Limburger Chronik aus dem 14. Jahrh. ist eines der merkwürdigsten älteren handschriftlichen Denkmäler der deutschen Geschichte. Die Brücke über die Lahn ist 1315 erbaut.*

Dom und alte Lahnbrücke

Limburger Dom mit der ehemaligen Gaugrafenburg (links)

Das noch heute beherrschende Bauwerk im Stadtbild von Limburg an der Lahn ist der siebentürmige Dom, die ehemalige Stiftskirche St. Georg - auf Vorgängerbauten 1121 begonnen und 1235 geweiht, auf einem Felsen hoch über der Lahn. Kunsthistorisch verbindet der Dom Einflüsse der rheinischen Spätromanik mit französischer Frühgotik. Die Emporenbasilika ist viergeschossig und weist einen Chorumgang auf. Neben dem Dom befinden sich Gebäude der ehemaligen Gaugrafen-, später erzbischöflichen Burg aus dem 13. bis 16. Jahrhundert.

Der *Salier Konrad Kurzbold* lebte von etwa 885-890 bis 948 und war Graf des unteren Niederlahngaus (Limburger Becken und Umgebung). Er gründete das Stift St. Georg, um das sich die Stadt Limburg entwickelte. Seine Grabplatte befindet sich im Limburger Dom. Der Beiname Kurzbold wird erstmals 910 erwähnt, als Ludwig IV. das Kind (893-911, im Jahr 900 zum König des Ostfrankenreiches erhoben) einen Hof übereignet, verbunden mit der Erlaubnis, diesen für eine Kirche zu verwenden, auf einem Berg namens *Lintburk* (oder *lintburc*) zu erbauen. Er wird als Gefolgsmann mehrere Könige bezeichnet und als seine geschichtlich bedeutendste Leistung wird sein Sie in der Schlacht bei Andernach 939 bezeichnet – als Gefolgsmann von Otto I. gegen aufständige Herzöge.

Alte Lahnbrücke und Limburger Dom (Ausschnitt aus einer Ansichtskarte um 1900)

Die *Alte Lahnbrücke* in Limburg ist 106 m lang. Auf ihr überquerte im Mittelalter die *Via publica* von Köln nach Frankfurt am Main die Lahn. Die steinerne Bogenbrücke besteht aus sechs Bögen. In der Mitte der Brücke, auf der Ober-stromseite, steht eine steinerne Figur des heiligen Johann von Nepomuk. Mit einem Steinkreuz, der Nepomuk-Figur gegenüber auf der Unterstromseite, das von Überlebenden der Pest von 1349 gestiftet wurde. Vermutlich bestand an dieser Stelle schon 1160 eine hölzerne Brücke; sie wurde 1306 durch ein Lahnhochwasser zerstört.

Die steinerne Brücke wurde zwischen 1315 und 1354 erbaut – mit ursprünglich zwei Brückentürmen und einer Breite von 6 Metern. Die lange Bauzeit ist auf die beschränkten finanziellen Mittel der Stadt zurückzuführen. 1344 bewilligte der Trierer Erzbischof Balduin von

Luxemburg (s. auch unter Balduinstein) den Limburgern ein *Thorgeld* für jeden Wagen, der die Stadt passierte. Sie diente zur Erhaltung der Brücke und wurde bis 1905 erhoben. 1490 wurde nach einer erneuten Pestepidemie an den äußeren Brückenturm die Kapelle *Unserer lieben Frau* angebaut (1827 wegen Baufälligkeit angerissen). Im Dreißigjährigen Krieg zerstörten schwedische Truppen 1634 das Zollhaus an der Brücke, das jedoch wieder aufgebaut wurde. 1818 wurde der innere Brückenturm abgerissen. Im Zweiten Weltkrieg wurde die Brücke teilweise gesprengt und 1947/48 wieder aufgebaut; die Nepomuk-Statue stellte man 1966 auf. Mit dem Bau der neuen Lahnbrücke 1968 verlor die *Alte Lahnbrücke* ihre Verkehrsbedeutung. Sie wurde 1982/83 erneuert und auf 8,75 m verbreitert.

Die *Limburger Chronik*

Sie entstand zwischen 1378 und 1402 und berichtet als Stadt-chronik über die Zeit von 1335 bis 1398. Autor war *Tilemann Ehlen von Wolfhagen* (1347-nach 1402). Tilemann stammt aus Ehlen bei Wolfhagen (bei Kassel) und war vermutlich ein Kleriker und wohnte ab 1392 im Haus Frankfurter Straße 1 am Bischofsplatz. 1377 begann er historische Aufzeichnungen zu machen. Herausgegeben bzw. gedruckt wurde seine *Chronik* erst 1617 durch den Frankfurter Patrizier Johann Friedrich Faust von Aschaffenburg, dem hessischen Landgrafen Moritz dem Gelehrten gewidmet (weitere Ausgaben u.a. 1720 und 1747).

FASTI LIMPURGENSES.

Das ist:

Eine wohlbeschriebene

Chronick

Von der

Stadt und den Herren
zu Limpurg auff der Lahn/

Darin deroselben und umliegender Herrschafften und Städt Erbauung/ Geschichten/ Veränderungen der Sitten/ Kleidung/ Music, Krieg/ Heurathen/ Auffnehmen und Absterben vornehmer hoher Geschlechte/ gute und böse Jahr/ und anders dergleichen mehr/ so in andern publicirten Chronicken nicht zu finden/ beschrieben werden.

Im Jahr 1617. durch Joh. Frider. Faust von Aschaffenburg zum Erstenmahl in Druck befördert: Anjetzo aber auff vieler Liebhaber der Historien und Antiquitäten inständiges Verlangen nebst einer Vorrede/ Anhang/ und vollkommenen Register wieder von neuem auffgelegt.

※※※※※※※※※※※※※※※※

WETZLAR/
Gedruckt bey Georg Ernst Winckler.
Im Jahr 1720.

Runkel und Villmar

Der letzte Satz Baedekers im Kapitel „*Route 24. Ems und Lahnthal*" lautet:

*Ein Ausflug nach dem malerisch gelegenen **Runkel** und den Marmorbrüchen von **Vilmar** (2 St.) ist belohnend, weiter aber verliert das Lahnthal seine Reize, so daß der Reisende wohl thut, mit der Post (...) weiter zu fahren.*

Runkel in der Topographia Hassiae von M. Merian 1655

Runkel wurde bis 1765 nur als Flecken erwähnt. Von 1270 bis 1929 existierte hier auch ein Weinanbau – der Wein wurde als der *Runkler Rote* bezeichnet. 1159 taucht der Name in einer Belehnungsurkunde auf, in welcher der Edelherr Siegfried von Runkel als Zeuge genannt wird. Er war vermutlich auch der Erbauer der Burg, zu der spätestens 1230 eine Kapelle gehörte. Im 11. oder 12. Jahrhundert wurde das heute noch bestehende Lahnwehr zum Betrieb einer Mühle angelegt. Zwischen 1140 und 1448 wurde die Lahnbrücke errichtet.

Dietrich IV. wurde durch seine Heirat mit Anastasia, der Erbtochter des Hauses Isenburg-Wied, 1427 Begründer der Linie Wied-Runkel.
In der Burg hielt sich 1543 Philipp Melanchthon als Gast des Grafen Johann IV. von Wied auf. In Briefen an Freunde in Siegen hieß es (n. Victor Gehler) u.a.: „Ich würde dir über die Boner Zusammenkunft (mit dem Grafen Hermann von Wied) ausführlich schreiben, wenn hier im Runkeler Schloß mehr Papier zu haben wär."

Burg und Stadt wurden im Dreißigjährigen Krieg von den Truppen des Grafen Isolani (1586-1640, kaiserlicher General der kroatischen Reiter) 1643 weitgehend zerstört. 1649 wurden die Wohngebäude der Burg als Schlossanlage wieder aufgebaut – die Gebäude der Oberburg mit drei Türmen blieben Ruine. 1806 kam das Amt Runkel an das Herzogtum Nassau.

Victor Gehler berichtete: „Im Jahre 1813 zog die Schlesische Armee unter Blücher lahnabwärts dem Rheine zu. Da brach der Typhus unter den Truppen aus und forderte zahlreich Opfer. Mitte Dezember errichtete man im Schlosse zu Runkel ein Lazarett. Einwohner aus der Stadt und dem ganzen Amt wurden zu Krankenwärterdiensten gezwungen. 250 Freiheitskämpfer fanden ihr Grab in der Schanze, die die Oesterreicher 1796 in den ‚Entericher Fichten' im Kampf mit den Franzosen angelegt hatten…"

1824 erlosch die Wied-Runkelsche Linie mit dem Tod des Fürsten Friedrich Ludwig, österreichischer Feldmarschall. Wied-Runkel fiel an die Linie Wied-Neuwied.

Runkel nach einem Bild in Victor Gehler: Führer durch das Lahntal (1927)

„Die Ruine der B u r g R u n k e l, die massigste und eindrucksvollste des ganzen Lahntals, erhebt sich auf dem linken Lahnufer auf steilem Felsen in trotziger Wucht. Die dahinter auf einer niedrigen Felsstufe sich ausbreitenden Wohngebäude bieten mit ihren Tortürmen, Giebeln und beschieferten Erkern dem Maler wohl bekannte und oft benutzte Motive. Burg und Stadt vereinigen sich zu einem s c h ö n e n a l t d e u t s c h e n S t ä d t e b i l d." (Victor Gehler)

Die Stadt weist zahlreiche Kulturdenkmäler auf – von der Ruine der Burg Runkel (heute im Besitz der Familie zu Wied), Fachwerkhäusern aus dem 17. und 18. Jahrhundert, der steinernen Lahnbrücke aus dem 15. Jahrhundert bis zu Gebäuden wie dem Haus der alten Lateinschule (1711), dem alten Rathaus oder der heutigen Amtsapotheke.

Der Marktflecken *Villmar* war ein Zentrum der Vorkommen und der Verarbeitung von *Lahnmarmor*. 1053 wurde der Ort erstmals urkundlich erwähnt – in einer Schenkungsurkunde des Kaisers Heinrich III., in welcher er dem Königshof Villmar der Abtei St. Matthias in Trier schenkte.

Villmar nach Carl Theodor Reiffenstein (1820-1893, Architektur- und Landschaftsmaler der Romantik):
Ansicht von Villmar 1864 (in: Historische Ortsansichten)

1166 ist in Villmar eine aus Koblenz zugewanderte kurtrierische Ministerialenfamilie von Villmar belegt. Die Burg Villmar – eine Höhenburg – wurde über dem Lahntal im Bereich des alten Friedhofes um 1250 vermutlich von den Herren von Isenburg erbaut. 1362 wurde sie Reichslehen des Erzstifts Trier – in der ersten Hälfte des 17. Jahrhunderts waren jedoch nur noch Ruinen vorhanden. 1346 erhielt Villmar auf Betreiben des Trierer Kurfürsten Balduin von Luxemburg die Stadtrechte.

An die Zeiten des *Lahnmarmors* (s. S. 81) erinnert nicht nur das *Lahnmarmor-Museum* sondern auch einige Bauten in Villmar – so die Marmorbrücke über die Lahn (1894/95), die Brunnen von 1728 im Pfarrgarten bzw. von 1827 am Rathaus und der *Villmarer Lahnmarmor-Weg* mit Einblicken in den Abbau und die Verarbeitung der verschiedenen Marmor-Sorten.

Zum Lebenslauf des Heimatforschers Victor GEHLER

In den zitierten Texten konnte ich immer wieder auf die Publikationen von Victor Gehler zurückgreifen.

Titelseite des Lahntal-Führers von Victor Gehler (2. Aufl. 1927)

Über seinen Lebenslauf erhielt ich nähere Informationen aus dem Stadtarchiv von Diez.
Er wurde am 27. Dezember 1870 in Steinach (Sachsen-Meiningen/Thüringen) geboren, besuchte von 1885 bis 1892 das Gymnasium zu Coburg und studierte in Berlin, München und Halle neuere Sprachen. 1895 promovierte er an der Universität Halle und war danach als Lehrer an mehreren Schulen – Handelsschule Marktbreit (Bayern), Knabenmittelschule Wilhelmshaven, Oberrealschule Coburg und an der Realschule in Gotha tätig, bevor er am 1. Oktober 1902 an die Diezer Realschule kam. Als Oberlehrer (1912/13 Professor genannt) unterrichtete er in Englisch, Französisch, Geschichte und Naturgeschichte. Er arbeitete zahlreiche Wanderrouten in der Umgebung von Diez aus, die er auch oft mit seinen Schülern benutzte. Seine Publikationen widmeten sich der „Heimatgeschichte von Mittelnassau" (1926) und dem Lahntal („Führer durch das Lahntal" – 2. Aufl., Diez und Bad Ems 1927). Am 31. März 1929 trat er in den Ruhestand und zog später nach Wiesbaden, wo er 1934/35 im Wiesbadener Adressbuch in der Emilienstraße 5 verzeichnet ist. Er starb 1945 in Wiesbaden – sein Grab befindet sich auf dem Wiesbadener Südfriedhof.

Museen zu *Karl Baedeker Lahnreise*

- *Heimatarchiv Nievern*, Schulstraße 13 (ehemalige Schule), 56132 Nievern
- *Kur- und Stadtmuseum Bad Ems*, Römerstraße 97, 56130 Bad Ems
- *Kleines Militärmuseum Burg Laurenburg*, Burg Laurenburg im Lahntal, 56379 Laurenburg
- *Heimat- und Bergbau-Museum „Esterau",* Rathaus, Hauptstraße 27, 56379 Holzappel
- *Regionalmuseum im Grafenschloss Diez*, Museum für Stadt- und Regionalgeschichte, Schlossberg 8, 65582 Diez
- *Museum Nassau-Oranien Diez* im Schloss Oranienstein, 65582 Diez
- *Domschatz und Diözesanmuseum Limburg*, Domstraße 12, 65549 Limburg
- *Lahn-Marmor-Museum*, Infozentrum im Geopark Westerwald-Lahn-Taunus, Oberau 4, 65606 Villmar

LITERATUR

(zitierte Literatur jeweils im Text) - Weitere Literaturhinweise:

Bach, Adolf: Das Elternhaus des Freiherrn vom Stein (Geschichtsverein Nassau), 4. Aufl., 1998.
Bach, Adolf: Die Burg Nassau. (Geschichtsverein Nassau) 3. Aufl., 1998.
Feldtkeller, Hans: Die Lahn, München/Berlin 1965.
Losse, Michael: Burgen und Schlösser an der Lahn, Imhof, Petersberg 2007.
Malbach, Heinz: Limburg an der Lahn in alten Ansichten, 7. Aufl., Sutton, Erfurt 2010.
Sarholz, Hans-Jürgen: Bad Ems. Streifzug durch die Geschichte, 2. Aufl., Bad Ems 2010.
Schulze, Martin: Die Lahn, Pollner Max Verlag 2008.
Schwedt, Georg: Das Reiselexikon – Goethe. Museen, Orte, Reiserouten, Callwey, München 1996.
Schwedt, Georg: C. Remigius Fresenius und seine Mineralwasseranalysen. An den Quellen im und am Taunus, Shaker Media, Aachen 2013.
Waldecker, Christoph: Limburg in historischen Ansichten, Sutton, Erfurt 2010.
Waldecker, Christoph: Zeitsprünge Limburg, Sutton, Erfurt 2014.